Toda la BIBLIA en un año PARA UNIVERSITARIOS

¡50 LECCIONES DE GÉNESIS A APOCALIPSIS!

e625.com

e625.com

Toda la Biblia en un año para universitarios
Howard Andruejol, Eliezer Ronda
Publicada por especialidades625® © 2017
Dallas, Texas Estados Unidos de América.

ISBN: 978-0-9983051-5-8

Editado por: Virginia Altare
Diseño de portada e interior: Creatorstudio.net

CONTENIDO

Presentación de la serie

"La Escritura entera es inspirada por Dios y es útil"

2 Timoteo 3:16 (NBV)

Estamos muy felices de poner en tus manos esta serie de lecciones de toda la Biblia. Será un recorrido fascinante por la biblioteca de sesenta y seis tomos que permite conocer el carácter de Dios, su obra perfecta y sus expectativas.

Hoy en día en demasiadas iglesias hemos desarrollado el hábito de la lectura fragmentada del texto bíblico. Si prestas atención, notarás que tanto en las clases, grupos pequeños, predicaciones, devocionales o planes de lectura diaria, por lo general se leen porciones aisladas de la Biblia. En sí, no es que esto esté mal, sino que genera el hábito de solamente leerla así lo cual invita a los textos sin contextos o textos como snacks o incluso como si fueran frases de un horóscopo. En cambio, profundizar en una historia completa y detenernos a observar los detalles para su aplicación ayuda a que luego tengamos la seguridad de que estamos entendiendo mejor esos textos sueltos.

Haz el ejercicio. Pregúntales a 10 cristianos, de cualquier edad, algo tan sencillo como: "¿De qué se trata la Biblia?" y obtendrás 12 respuestas diferentes. Pídeles que te expliquen cómo se relaciona el Antiguo y el Nuevo Testamento y posiblemente algunos comenzarán a titubear. Si quieres ir un poco más allá, diles que te expliquen de qué se trata el libro de Adbías y cómo se relaciona con el resto de la Biblia y con nosotros hoy.

Estas no pueden ser preguntas que solamente los seminaristas o pastores puedan responder. Todos los creyentes necesitamos comprenderlas y por eso este material es tan importante.

La razón es muy sencilla. Imaginemos por un momento un rompecabezas. Quizás pensemos en uno que consideraríamos difícil de armar. ¿Mil piezas? ¿Mil quinientas? Te propongo que tomemos uno de dos mil y hagamos el siguiente experimento: tomaré la caja del rompecabezas y esconderé la tapa que contiene la imagen; luego te pediré que metas tu mano y de forma aleatoria tomes tan solo diez piezas. Ahora viene la parte interesante: ¿qué tal si te pregunto cuál crees que es la figura de la tapa del rompecabezas? ¿Crees que es posible saberlo? ¡Por supuesto que no! Podrías inventar algo, pero ciertamente no vas a adivinar la figura como tal.

Hemos preguntado en muchas iglesias cuáles son los textos bíblicos más famosos y conocidos. Sin equivocación, en todas las ciudades donde hacemos el ejercicio responden los mismos diez versículos. Sí, tan solo diez. Es decir, parece que nuestras nuevas generaciones están creciendo con diez de las 31.130 piezas del rompecabezas bíblico y pretendemos que solo con esas tengan una imagen clara del carácter de Dios, su obra perfecta y su expectativa hacia nosotros. Imposible. Tendrán, sin lugar a duda, una imagen falsa, incompleta, distorsionada, desfigurada.

Así como es importante apreciar el fino detalle de cada pieza del rompecabezas, es indispensable ver el cuadro completo. De eso se tratan estas lecciones.

Hemos preparado este manual como un recorrido cronológico (en la medida de lo posible) de la revelación de Dios, desde Génesis a Apocalipsis. Nuestro anhelo es que, al tener un panorama de los libros bíblicos, tus alumnos experimenten dos reacciones.

La primera, es que puedan decir: "¡Ahora entiendo de qué se trata este libro!". Cada lección será efectiva en la medida en que cada uno de los participantes tenga una mejor comprensión del contenido y propósito de los tomos de la Biblia.

Como verás, ya que esta aventura está diseñada para un año de lecciones, no es posible incluir los sesenta y seis libros en cincuenta de ellas. Ha sido una decisión difícil comprimir y resumir. Es más, ¡estamos convencidos de que solo Génesis debería tomarnos cincuenta semanas! Nos tranquiliza saber que estamos construyendo una base sólida y que luego seguiremos edificando con estudios específicos de libros.

En segundo lugar, al conocer mejor este cuadro general, deseamos que sean motivados a ver los detalles. Si ellos pueden conectar cada libro de la Biblia con la figura completa del rompecabezas será más fácil que cada capítulo tenga sentido. Queremos formar lectores devotos del texto bíblico, estudiosos de la Palabra de Dios.

Acompáñalos en este recorrido, ayúdalos a explorar la riqueza de cada pasaje. Toma el tiempo para diseñar series sobre libros específicos de la Biblia, pasaje por pasaje o biografías completas de personajes.

Además de considerar las características madurativas y contextuales de cada edad, en esta serie hemos escogido un lente con el cual ver los libros bíblicos. Con ello subrayamos los grandes temas teológicos y antropológicos de la Biblia.
Cada tomo es único y complementario. Quienes atraviesen el recorrido por estos cuatro libros ¡ciertamente tendrán una idea clara sobre de qué se trata la Biblia!

Las lecciones para niños están desarrolladas alrededor de una identidad fuera de este mundo. El recorrido bíblico enfocará la revelación progresiva del carácter de Dios. ¿Quién es Él? ¿Cómo se presenta al ser humano? Conocer a Dios nos permite conocer también nuestra propia identidad: ¿Cuál es nuestra condición natural? ¿Cómo se manifiesta esta identidad en la conducta? Necesitamos ser rescatados de esta condición, siendo nuestra única esperanza Cristo Jesús. Recibirlo como Señor y Salvador nos regenera. ¿Quiénes somos ahora en Cristo? ¿Cómo se evidencia esa transformación en nuestra conducta?

Las lecciones para preadolescentes se concentran en una relación incondicional y eterna. El recorrido bíblico enfocará la iniciativa de Dios para relacionarse con el ser humano. Destacará el obstáculo invencible para el hombre del pecado y la victoria definitiva de Cristo. El énfasis está en la fidelidad de Dios para con el hombre -a pesar de nuestra infidelidad-, y la cercanía que nos permite únicamente por medio de Cristo. ¿Qué caracteriza la relación de Dios con nosotros? ¿Qué debo hacer para vivir esa relación hoy?

Las lecciones para adolescentes se enfocan en las decisiones cruciales. El recorrido bíblico enfocará la expectativa de Dios, dada nuestra nueva identidad, de una vida de acuerdo con su carácter. Se estudiará la perspectiva divina para tomar decisiones correctas en cada faceta de la vida, el propósito de la santidad y las nefastas consecuencias de la desobediencia. El evangelio no está centrado en nuestra conducta, pero dada la gracia de Dios, glorificarlo es nuestra mejor respuesta.

Las lecciones para universitarios son misionales. El recorrido bíblico enfocará la misión de Dios que busca redimir al ser humano. Se pondrá especial atención a cómo Dios ha tenido un plan para el ser humano en cada momento, y cómo lo cumplirá hasta el fin. La salvación está disponible para cualquier persona. Nuestra nueva identidad nos envía a explicar este evangelio a toda persona, hasta el lugar más remoto del planeta. Este es nuestro verdadero propósito de vida, vivir en misión aquí y allá, ahora.

En **www.e625.com** encontrarás material suplementario para las lecciones. Nuestro objetivo es que las conversaciones que surjan en cada lección sean teológicamente profundas y didácticamente creativas.

Por supuesto, todo esto ha sido el trabajo de un gran equipo de personas involucradas en el diseño curricular e instruccional. Al escuchar la idea, muchos amigos se sumaron con entusiasmo a este proyecto. ¡A cada uno gracias por invertir en la formación bíblica de nuestras nuevas generaciones!

Llevémoslos a conocer todo el rompecabezas, a tener una imagen bíblica de la persona de Dios, a entender su plan eterno y la respuesta que Él espera de cada uno de nosotros.

¡Aprendamos juntos!

Howard Andruejol y Lucas Leys
Editores generales.

Lección 1 › ¿POR QUÉ ES IMPORTANTE EL ESTUDIO DE TODA LA BIBLIA?

Aunque muchos crean que la Biblia es un solo libro, la realidad es que se trata de una colección de libros escritos por diversos autores en distintos contextos sociales, geográficos y cronológicos. Expertos en los escritos antiguos han recopilado y traducido a muchos idiomas los sesenta y seis libros que componen esta colección que llamamos "Biblia" y es fascinante descubrir de qué manera todos estos libros escritos en contextos tan distintos entrelazan sus temas para revelarnos la identidad de Dios y su plan y misión para nosotros.

La Biblia fue escrita por autores comunes, pero sobre hechos extraordinarios y hay varias razones por las cuales es muy importante que estudiemos la Biblia completa.

La primera razón es que expone el caso de Dios. Expone lo que Dios dice acerca de sí mismo. Revela su identidad y su carácter desde lo primero que se va sabiendo acerca de él hasta que lo podemos conocer plenamente a través de la persona de Cristo.

La segunda razón es que expone nuestras necesidades más íntimas y principios sabios para responder a esas necesidades. Por toda la Biblia tenemos historias de personas imperfectas relacionándose con Dios y entre ellos y estas historias exponen de qué manera un Dios perfecto da la oportunidad a personas imperfectas de sobreponerse a sus fracasos.

Y la tercera razón es que más allá de nuestra fe, la Biblia ha afectado la historia de la humanidad como ningún otro escrito. La interpretación de la Biblia ha dividido estados, marcado mapas, generado guerras y alianzas y contamos con el testimonio de millones de personas a través de muchos siglos que continuamente cuentan cómo la Biblia ha afectado sus vidas así que es un libro o biblioteca, imposible de ignorar.

Preguntas de introducción al tema (10')

Luego de una breve introducción explicando en tus palabras lo que acabamos de explicar y contándole a todos que este será un año completo de estudiar la Biblia de principio a fin, puedes compartir estas preguntas para activar la conversación:

1- ¿Para qué sirven los libros?
2- ¿Qué libros crees que es importante llegar a leer?
3. ¿Tienes algún estilo favorito de libros?

La Biblia cuenta con distintos estilos literarios. Ella tiene aventura, horror, poesía, romance y textos legales.

Aunque la Biblia fue escrita hace miles de años atrás sigue siendo el mensaje de Dios para nosotros hoy en día y sus verdades todavía tienen el poder de modificar nuestro destino.

Estilos Literarios (25')

Consigue libros clásicos de distintas categorías. Aquí hay una lista de ideas:

Aventura: Las Crónicas de Narnia, historietas de super héroes o clásicos cómo 2000 leguas de viaje submarino.
Poesía: Un autor latino como García Márquez o Neruda.
Mitología: Hércules, las historias de Percy Jackson o la Odisea.
Biografía: Algún personaje de la historia de tu país o de algún cristiano de la historia como Lutero, Spurgeon o Madame Curie.
Cartas y diarios: El diario de Anna Frank.
Fábulas: las clásicas de Esopo.
Tratados: Manuales universitarios de medicina, leyes o cualquier otra ciencia.
Crónicas: Libros de historia
Ensayos: Alguno parecido a "El escritor y sus fantasmas", de Ernesto Sábato.
Cuentos: la Cenicienta, Pulgarcito, El principito, etc.

La idea es que puedas tener tantos tipos de géneros literarios como puedas y que sean interesantes. Puedes llevar también cuentos de niños, diarios impresos, revistas de moda y comics. No necesitas comprarlos, las bibliotecas públicas tienen de todo o puedes pedirlos prestados a distintos voluntarios.

Una vez que estés en la clase, pasa este material de mano en mano para que todos se familiaricen con lo que tienen y comienza una breve discusión de lo que perciben de estos libros.

¿Qué tipo de libros ven aquí?
¿Cuál les llamó más la atención y por qué?

Ahora hablemos de la Biblia:

Descarga de www.e625.com/lecciones las láminas de ilustración con todos los libros de la Biblia para ayudarte en la identificación de cada parte.

Antiguo Testamento tiene 39 libros y el Nuevo Testamento 27 libros

Los libros del **Antiguo Testamento** se dividen en cinco secciones y estilos:

El Pentateuco (cinco libros): Génesis, Éxodo, Levítico, Números y Deuteronomio (la Ley de Moisés).

Libros históricos (doce libros): Josué, Jueces, Rut, 1 y 2 Samuel, 1 y 2 Reyes, 1 y 2 Crónicas, Esdras, Nehemías y Ester.

Libros poéticos o de sabiduría (cinco libros): Job, Salmos, Proverbios, Eclesiastés y Cantares.

Libros de los profetas mayores -llamados así por ser más extensos- (cinco libros): Isaías, Jeremías, Lamentaciones, Ezequiel y Daniel.

Libros de los profetas menores -llamados así por ser más cortos- (doce libros): Oseas, Joel, Amós, Abdías, Jonás, Miqueas, Nahúm, Habacuc, Sofonías, Hageo, Zacarías y Malaquías.

(Un detalle fácil de memorizar: 5/12/5/5/12).

Los libros del **Nuevo Testamento** se dividen en cuatro secciones:

Los Evangelios: Mateo, Marcos, Lucas y Juan.

Libro histórico: Hechos de los Apóstoles.

Epístolas:
1- Las trece cartas de Pablo:
-Escritas durante los viajes: Romanos, 1 y 2 Corintios, Gálatas, 1 y 2 Tesalonicenses.
-Escritas desde la Prisión: Efesios, Filipenses, Colosenses y Filemón.
-Cartas pastorales: 1 y 2 Timoteo, Tito.
- (Algunos también agregarían Hebreos).

2- Epístolas Generales: Santiago, 1 y 2 Pedro, 1, 2 y 3 Juan y Judas. (y en caso de no tomar a Pablo como autor de Hebreos, iría aquí)

Libro profético: Apocalipsis de Juan.

La Biblia da respuestas a preguntas de todos los días. Describe los datos fundamentales de cómo comenzó el universo y cómo terminará. Habla de cómo tomar buenas decisiones, cómo tener paz cuando estamos en problemas, cómo enfrentar los cambios y, especialmente, cómo vivir una vida que vale la pena.

Muchos piensan en la Biblia como un manual de instrucciones, pero es mucho más que eso y hoy día llamarla "manual" ayuda a que la veamos como un libro aburrido de la universidad.

Solo saber versículos sueltos sería como ver algunos pedacitos de una película o solo un capítulo de una serie. Puede ser divertido, pero no entenderíamos de dónde viene y a dónde va. Nos quedaríamos con la mitad o con una parte de todo lo que Dios quiere contarnos.

Láminas para recordar (5')

Haz de los siguientes versículos unas láminas que puedas poner de algún modo visible. Muéstraselas y pide distintos voluntarios que lean cada una en voz alta.

Salmos 119:27
Ayúdame a entender el significado de tus mandamientos, y meditaré en tus maravillas.

Salmos 119:105
Tu palabra es una lámpara a mis pies, y una luz en mi sendero.

Para discutir:

¿Qué significa meditar? (Deja que ellos opinen)
Meditar es pensar en lo que leemos para descubrir el significado y lo apliquemos a nuestra vida.

La palabra del Señor es la que nos guía, nos da fortaleza en sus promesas, enseña la verdad, nos cuenta quién es Dios, alienta cuando nos sentimos desalentados, da fe y enseña a vivir una vida conforme al propósito de quien nos creó.

Para conocer estas verdades poderosas y discernir la voz de Dios necesitamos leerla y estudiarla y al hacerlo nos daremos cuenta, que, aunque fue escrita hace miles de años atrás, todavía podemos identificarnos y aprender de ella.

Conclusiones (15')

Imprime esta porción del salmo 119 y dale una copia a cada uno, para que puedan leerla en grande:

Invita a todos a que cada uno lea su copia en silencio y mediten en lo que leen.

Salmo 119:9-16
¿Cómo puede mantenerse íntegro el joven?,
viviendo conforme a tu palabra.
Me he esforzado cuanto he podido por hallarte:
no permitas que me desvíe de tus mandamientos.
He atesorado tu palabra en mi corazón, para no pecar contra ti.
Bendito SEÑOR, enséñame tus normas.
He repetido en voz alta todas tus leyes,
y en ellas me he regocijado más que en las riquezas.
En ellas meditaré y las acataré plenamente.
Me deleitaré en tus normas y no olvidaré tu palabra.

Que al menos dos voluntarios reflexionen en voz alta acerca de lo que leyeron. Cierra con una oración pidiéndole al Señor que en todos los estudios que vienen sea Él quien les revela su verdad. Invita al menos a otros dos participantes a orar también y que lo hagan específicamente pidiendo para que el Espíritu Santo guie las clases y les llene a todos de hambre de su palabra.

Entrega a cada participante una copia del cuadro ¿Por qué es importante el estudio de la Biblia? descargable en www.e625.com/lecciones

Lección 2 › GÉNESIS

La palabra Génesis significa "comienzo" o "principio" y justamente en el libro de Génesis se habla de muchos comienzos: el comienzo del universo, el comienzo de la humanidad, el comienzo del pecado y el sufrimiento, pero también el comienzo de un pueblo separado para Dios y el comienzo del plan de Dios para rescatar a toda la humanidad. Como en todo buen comienzo de una gran historia, los personajes principales aparecen en escena con un gran despliegue:

- Dios, haciendo que todo suceda desde la creación del universo y tomando la iniciativa de llamar a un pueblo.
- Satanás, tratando de arruinarlo todo desde su aparición en el capítulo tres.
- La primera familia de la Biblia siendo una familia disfuncional de entrada Adán, Eva, Caín y Abel.
- Y luego, nada más y nada menos que: Noé, Abraham y Sarah, Isaac, Jacob y sus hijos y la muerte de José en Egipto.

Génesis es un relato de identidad y se cree que fue escrito por Moisés. Su propósito es que descubramos que todo comienza con Dios y que no hay mejor manera de vivir que calibrando nuestros planes con los suyos.

Preguntas de introducción (10')

Luego de una breve introducción explicando en tus palabras lo que acabas de leer activa a los participantes con algunas preguntas generales.

1. ¿Qué es lo que ya sabemos acerca del libro de Génesis?
2. ¿Alguien tiene alguna historia favorita del libro de Génesis? (Si ninguno tiene ninguna prepárate para contar la tuya).
3. Excluyendo a Dios ¿Qué creen que tienen en común los personajes del Genesis?

Desarrollo (40')

Génesis tiene 50 capítulos, exactamente como esta serie de lecciones y en este libro podemos ver dos grandes divisiones:

El principio de todas las cosas: 1-11:9.

La creación: 1:1-2:25.
La tentación y la caída: 3:1-24.
Caín y Abel: 4:1-26.

Set y sus descendientes: 5:1-6:8.
El pecado y el diluvio: 6:9-9:17.
Noé y sus descendientes: 9:18-10:32.
La torre de Babel: 11:1-9.

Los Patriarcas: 12:1-50:26.
Abraham: 12:1-20:18.
Isaac: 21:1-25:18.
Jacob: 25:19-36:43.
José: 37:1-50:26.

(Te recomendamos hacer alguna lamina o cartel o usar una pizarra para escribir estas divisiones mientras vas haciendo una breve reseña de cada historia)

Hazlo activo

Ahora divide a tu grupo en cuatro subgrupos de aproximadamente el mismo tamaño.

Necesitarás una pizarra y una tiza (o papeles en blanco y marcadores), 2 tarjetas: una con la palabra "mímica" y otra con la palabra "dibujo" y una bolsa con papelitos con palabras para que los equipos representen y adivinen personajes o cosas que mencionaste hasta ahora en la clase.

Si tu grupo es muy grande, puedes dividirlo en mujeres/hombres o solo hacer pasar al frente a un grupo reducido o que un grupo de participantes pase al frente e interactúe con el público o que cada dos equipos haya un líder que guíe la actividad.

Una vez que tengas los grupos formados haz pasar al primer participante. Primero debe escoger, sin mirar, una de las tarjetas para determinar cómo deberá hacerlo (mímica o dibujo) y se la muestra a su equipo. Luego, sin mirar, tomará de la bolsa lo que tiene que representar (objeto de la creación) y si deseas agregarlo, entonces debe elegir un adjetivo calificativo para dicho objeto de la creación. Entonces puede ser que le toque "dibujo", "oso" y "saltarín"; o "mímica", "mono", "enamorado". ¡Las posibilidades son infinitamente delirantes, usa tu imaginación!

Luego solo queda sentarse, prender una cámara y disfrutar de la imaginación de tus jóvenes

Vuelve a empezar

Mientras los jóvenes siguen en los cuatro equipos, retoma el resumen del comienzo de la lección. Imprime o haz recuadros con las palabras principales que constituyan el hilo de la historia (o dibujos o imágenes que la representen) y que ayuden a

tus jóvenes a prestar atención. Haz preguntas y pausas para que puedan poner en funcionamiento el cerebro, si no responden rápido ayúdalos y continúa con el relato.
Usa estas palabras

COMIENZO - UNIVERSO - HUMANIDAD - PECADO - SUFRIMIENTO – PLAN - DIOS - SATANÁS – EGIPTO

Las historias más importantes

Ahora cada equipo recibirá el nombre de uno de los patriarcas, las citas bíblicas apropiadas y deberá crear una lámina o dibujo en la que se plasme lo principal acerca del personaje, familia, trabajo y elementos importantes que hacen a la historia. (Dale a cada grupo una de esas hojas blancas bien grandes y algo para dibujar).

Grupo 1- Abraham: la promesa de lo imposible. Génesis. 12:1-5; 15:1-6; 18:1, 9-14; 21:1-7.
Grupo 2- Isaac: la obediencia trae bendición. Génesis. 22:1-12; 25:19-26.
Grupo 3- Jacob: el poder de la bendición. Génesis. 26:34; 27:33; 30:22-24.
Grupo 4- José: la integridad y el perdón. Génesis. 37:3-11, 37:23-28; 39:1-5; 42:6-10; 45:1-9.

Dales diez minutos para leer y armar la historia y otros 5 para hacer su dibujo. Todos deben mostrar su trabajo y durante el cierre debes ir mostrando lo que ha hecho cada grupo como una exposición de arte.

Conclusiones (10')

Algunas aventuras del Génesis parecen muy locas, pero en todas ellas Dios muestra su carácter y su deseo de que podamos conocerlo de tal manera que sepamos reconocerlo trabajando en nuestra vida, y de nuestro lado, el Génesis deja claro que a nosotros siempre nos toca confiar que Dios sabe lo que hace, el hace todas las cosas bien, aunque a veces sea difícil entenderlo.

No debe haber dudas, siempre vale la pena obedecerle.

Algunas de las ideas fundamentales de Génesis son:

Dios se revela en la creación: revela su amor al crearnos y su interés por relacionarse con nosotros como un padre.

Dios es fiel y siempre cumple sus promesas: Abraham deja todo por seguirlo a Dios y descubre Dios cumple sus promesas.
Dios muestra su gracia: Aunque los patriarcas del Génesis fueron imperfectos Dios volvió a darle oportunidades de relacionarse con él. Cuando obedecieron a Dios vivieron grandes aventuras y vieron sus promesas volverse realidad. Cuando desobedecieron, pasaron grandes dificultades y experimentaron mucho dolor.

Dios es misericordioso: José se mantuvo fiel a Dios y siempre se esforzó por dar lo mejor, aun en las peores situaciones. Dios tuvo misericordia de José y lo bendijo en todo lo que hizo. José reconoció la misericordia de Dios y pudo ser misericordioso con sus hermanos.

Entrega a cada participante una copia de Lecturas del Génesis descargable en: www.e625.com/lecciones

Lección 3 › ÉXODO

Éxodo significa salida o partida y hace alusión al escape de los hebreos de Egipto camino a su tierra prometida. Este libro cuenta la historia de los israelitas comenzando justo donde Génesis termina. El pueblo de Israel que había sido recibido por el Faraón en épocas de José se había multiplicado tanto, que Egipto lo había convertido en un pueblo de esclavos.

Dios tiene un plan de rescate que comienza con un bebé: Moisés. La liberación de Israel de las manos de los egipcios es solo el comienzo de un plan mucho mayor, un plan de redención, adopción y constitución de una nación escogida como el pueblo de Dios. El libro de Éxodo es fundamental para entender los siguientes libros que conforman el "pentateuco". Es decir, los primeros cinco libros de la Biblia escritos por Moisés conocidos también como "la ley" acerca del comienzo de la historia del pueblo de Israel y el establecimiento de su constitución y sus primeras leyes administrativas, higiénicas y de convivencia que luego tienen mucho que ver con lo que viven los reyes, los profetas y hasta el mismo Jesús en el resto de la Biblia.

Preguntas de introducción (10')

Luego de una breve introducción explicando en tus palabras lo que acabas de leer activa a los participantes con algunas preguntas generales.

1. Si tuvieras que irte ahora mismo a otra ciudad u otro país con toda tu familia, ¿a dónde te gustaría ir y por qué?
2. Si tuvieras la oportunidad de construir tu casa ideal, ¿cómo sería? (habitaciones, salón de juegos, piscina, etc.)
3. Si fueras el dueño de la casa y tuvieras una familia muy grande, ¿qué reglas pondrías?

Desarrollo (25')

Podemos estructurar los cuarenta capítulos del libro de Éxodo de la siguiente manera:

Israel y el libertador: 1:1-18:27.
Esclavitud en Egipto: 1:1-20.
Libertador en entrenamiento: 2:1-4:31.
Moisés y el Faraón (las diez plagas): 5:1-11:10.
La pascua y el Éxodo: 12:1-18:27.

El Santuario, los sacerdotes y los diez mandamientos: 19:1-40:38.

Abajo tienes un relato para contar rápidamente la historia del éxodo utilizando a algunos jóvenes que tendrán que ir actuando a medida que se relata la historia. Escoge "los personajes" tratando de elegir a quienes sabes que no tendrán vergüenza de actuar un poquito. Si quieres puedes preparar carteles con el "papel" a protagonizar y tenerlos listos con un pedazo de cinta y a medida que delegas los papeles se los van pegando en el pecho. Variante: si no tienes demasiados participantes, reemplázalos con dibujos. Recorta imágenes de personas de las revistas y visítelos como egipcios y judíos de la época.

Ten en cuenta que no puedes demorar, tiene que ser muy rápido para que los mantengas atentos e involucrados. Deben prestar atención al relato y actuar espontáneamente a medida que te escuchan.

Personajes:

Faraón: un líder
Moisés de bebé: un muñeco de bebé y cuna
Madre de Moisés
Hermana de Moisés
Hija de Faraón
Guardia
Moisés adulto
Aarón
Séfora.
El pueblo de Israel: todo el resto de los alumnos

A medida que vayas leyendo el relato los personajes tienen que ir haciendo espontáneamente lo que tú dices. Haz silencios para que repitan la frase o que reaccionen a lo que tienen que hacer. ¡Deja que sean creativos! Recuerda hacerlo con vigor y rapidez.

Relato de un escape

Luego de que murió José en el libro de Génesis, los judíos que se quedaron a vivir en Egipto se multiplicaron grandemente (Quienes hacen de pueblo hacen un ooh prolongado o alguna otra cosa chistosa). Llegó a Egipto un rey llamado Faraón /se pone de pie) que no había conocido a José y tuvo miedo de que los judíos se salieran de control (salidos de control). Entonces Faraón obligó a los hebreos a realizar todo tipo de trabajos forzados, (Faraón castiga a los hebreos), especialmente en la construcción y en todos los trabajos de esclavos. Además, ordenó: "Tiren al río a todos los bebés varones de los judíos". Fue entonces que nació Moisés y su mamá lo escondió durante tres meses. Cuando ya no pudo esconderlo más le tejió una cesta y lo puso en el río. Fue entonces que la hija del Faraón bajó a bañarse en el río y encontró a Moisés en la canasta y lo salvó de que lo maten; lo adoptó y lo llevó con ella al palacio.

Un día, cuando Moisés ya era mayor de edad, fue a ver a sus hermanos de sangre y vio que un guardia los azotaba (guardia maltrata a la multitud). Entonces lo golpeó y matándolo lo escondió en la arena (José mata al guardia). La noticia corrió muy rápido y cuando Faraón se enteró planeó matar a Moisés, entonces Moisés huyó de Egipto. Llegando a Madián, Moisés otra vez defensor de los pobres, ayuda a unas mujeres que estaban siendo molestadas por unos pastores y ellas le cuentan a su papá, quien recibe a Moisés en su casa. Luego se casó con una de las chicas: Séfora.

Un día, cuando Moisés llevaba a las ovejas de su suegro a pastar, vio que un arbusto estaba en llamas, pero no se quemaba, y al acercarse, el arbusto que era una zarza lo llamó: "¡Moisés! ¡Moisés!", y Moisés se acercó y la zarza que ardía, que era Dios, le dijo: "Quítate las sandalias, porque pisas tierra santa. Soy el Dios de tu Padre, soy el Dios de Abraham, de Isaac y Jacob. Vi a mi pueblo que sufre, conozco bien sus penas" (pueblo sufriendo). "Así que los libraré de los egipcios y los llevaré a una tierra buena y espaciosa. Te enviaré a Faraón para que saques a los israelitas de Egipto". A lo que Moisés respondió: "¿Por qué yoooo?". Dios dijo: "No temas, yo estaré contigo". Dios también mandó a Aarón para que se encontrara con Moisés y lo ayudara a enfrentar a Faraón. Finalmente, Moisés y Aarón llegaron ante Faraón y le dijeron: "Así dice el Señor, Dios de Israel: 'Deja ir a mi pueblo para que celebre en el desierto una fiesta en mi honor'". Y Faraón respondió: "¿Quién es el Señor? ¿Y por qué distraen al pueblo de sus quehaceres?". Los echó de su presencia y les dio más trabajo a los judíos, quienes se enojaron con Moisés (multitud abuchea).

Moisés se queja con Dios y duda de sus intenciones, pero Dios le responde: "Ahora vas a ver lo que voy a hacer con el Faraón. Realmente solo por mi mano poderosa va a dejar que se vayan, solo por mi mano poderosa va a echarlos de su país; y cuando despliegue mi poder contra Egipto y saque de allí a los israelitas, sabrán que YO SOY el Señor".

Así llegaron plagas al pueblo de Egipto. Pestes, insectos y enfermedades que los egipcios tuvieron que sufrir por no liberar al pueblo de Dios y luego de la plaga más dura de todas, que fue la muerte de los primogénitos que no habían marcado las puertas de su casa con la sangre de un corderito, Faraón que también había perdido a su primogénito, deja ir a Israel (golpean el suelo con los pies simulando que marchan).

Una columna de nubes los guiaba durante el día y una columna de fuego les indicaba de noche por dónde debían ir para llegar a la tierra prometida. Cuando ya hacía varios días que estaban en camino Faraón se arrepiente: "¿Qué hice? ¿Quién va a hacer el trabajo forzado?". Saca sus caballos y se va detrás de los judíos. Los israelitas que se encuentran para ese entonces frente al mar rojo se sienten traicionados y sin escapatoria, pero Dios tenía un plan. Las columnas que iban por delante se mueven al final de la multitud entre los judíos y los egipcios y Moisés extiende su brazo sobre el mar. Un fuerte viento divide las aguas en dos. Cuando todos los israelitas terminaron de cruzar el mar, Moisés vuelve a extender su bazo y las aguas se vuelven a cerrar acabando con los egipcios que venían detrás.

Así, los israelitas emprenden el verdadero camino. Dios los ha liberado de su pasado de esclavitud y ahora caminan con él rumbo a sus promesas.

-Que todos se den un aplauso.

Los diez mandamientos (15')

En medio de esta aventura Dios les da a los hebreos 10 leyes de convivencia que se convierten en un marco de referencia para la historia de toda la humanidad. Asigna a un voluntario de buena lectura que lea en voz alta con cuidado y pausa Éxodo 20: 1-17 e invita a todos a meditar en lo que escuchan para luego volver a activar la conversación.

Utiliza estas preguntas:

- ¿Qué motivó a Dios a darles mandamientos?
- ¿Cuál habrá sido el más difícil de cumplir en ese tiempo?
- ¿Cuál es el más difícil de cumplir hoy?

Conclusiones (10')

Esta es la historia de Dios y Moisés, y el siguiente capítulo en la historia de un pueblo llamado a la fe.

El libro de Éxodo describe la vida de un líder que, aunque dudó muchas veces y le pedía a Dios que no fuera él quien liberara a Israel de Egipto, fue obediente y por eso pudo ser parte del gran plan de Dios para su pueblo (7:6). Dios formó una relación de amistad con Moisés (19:20; 24:1-2,12; 33:11).

En Génesis Dios le promete a Abraham una descendencia tan grande como las estrellas o como la arena del mar y en Éxodo lo que comenzó con un hombre termina con millones de judíos caminando a ocupar su propio territorio. **Dios cumple sus promesas** (6:8).

Éxodo presenta a un Dios de misericordia, que vio el sufrimiento y escuchó los ruegos de su pueblo y que escoge líderes que, aunque tengan miedo y cometan errores deben confiar en él hasta las últimas consecuencias.

Las plagas fueron un despliegue de su poder para que no quedara duda que Dios tiene autoridad sobre la creación y los mandamientos fueron cláusulas de protección para que el pueblo tuviera una buena convivencia y, sobre todo, cuidara su corazón.

La mejor síntesis quizás la encontramos en este texto: *"El Señor descendió en la nube y se puso junto a Moisés, luego le dio a conocer su nombre pasando delante de él, proclamó, "El Señor, el Señor, Dios clemente y compasivo, lento para la ira y grande en amor y fidelidad, que mantiene su amor hasta mil generaciones después, y que perdona la iniquidad, la rebelión y el pecado".* (34:5-7 NVI).

Entrega a cada participante una copia de Los 10 Mandamientos descargable e: www.e625.com/lecciones

Lección 4 > LEVÍTICO

Los levitas fueron la tribu de Leví, uno de los doce hijos de Jacob, y el libro de Levítico recibe su nombre porque hace referencia a todo lo relacionado a ellos, los levitas.

Esta tribu tenía encargadas las tareas sacerdotales y este libro recibe este nombre, justamente porque da un énfasis particular a las funciones sacerdotales para el acercamiento del hombre hacia Dios de una manera santa y reverente.

El libro de Éxodo culmina con la construcción del santuario y el libro de Levítico es la guía de instrucciones de cómo deben hacer uso de ese templo. Durante todo este período el pueblo de Israel se mantuvo en un mismo lugar, aprendiendo a obedecer y agradar a Dios. Levítico establece un código de santidad para entrar la presencia de Dios y adorarle y también tiene que ver con un Dios que deseaba que ellos elaborasen una identidad que se diferencie de otras costumbres de su época.

Las instrucciones de Levítico fueron reveladas por Dios a Moisés (quien también era de la tribu de Leví) y ellas dejan ver cuán meticuloso es Dios y cuán imperfectos somos los hombres.

Al conocer estas normas, el pueblo no solo tenía una guía de instrucción sino un estándar que les recordaba que continuamente necesitaban depender de la misericordia de Dios. A través de la ley podemos entender en mayor dimensión la obra maravillosa de Jesucristo en la cruz como sacrificio perfecto y eterno, por el cual hoy tenemos acceso directo a la presencia del Santísimo.

Preguntas de introducción (10')

Luego de una breve introducción explicando en tus palabras lo que acabas de leer activa a los participantes con algunas preguntas generales.

1- ¿Cómo fue su ingreso a la universidad y su experiencia de cambiar de ambiente y de amigos?
2- ¿Qué características tienen los buenos amigos?
3- ¿Para qué sirven las leyes?

Desarrollo (25')

El libro de Levítico se puede estructurar de la siguiente manera. (Puedes mostrar esta estructura en una lámina o escribirla en una pizarra)

1- Cómo acercarse a Dios: 1:1-18:30.
Las leyes del sacrificio: 1:1-10:20.
Las leyes de purificación: 11:1-15:33.
Las leyes para expiación de pecados: 16:1-18:30.

2- Cómo mantener la relación con Dios: 19:1-27:34.
La santidad: 19:1-25:17.
La obediencia: 25:18- 26:46.
Ofrendas al Señor: 27:1-34.

Aarón, el hermano de Moisés fue el primer sacerdote de Israel. Él y sus hijos eran de la tribu de Leví y principalmente a sus funciones se refiere el libro.

Divide al grupo en grupos más pequeños.

Deja que se junten con sus mejores amigos en grupos de cuatro o cinco personas y preferiblemente por sexo.

Escoge a uno de ellos para que sea quien dirija las preguntas y dale las siguientes instrucciones:

Solo pueden hablar cinco minutos por pregunta, así que deben comenzar rápido, hablar corto y cuando pasen los cinco minutos debes avisarles con alguna señal para que pasen a la siguiente pregunta.

El que guía puede decir quién contestará luego, si es que todos desean compartir; tiene que darle espacio a que la mayor cantidad de personas puedan responder alguna pregunta.
Otro debe tomar alguna nota de lo que se dijo. No en detalle, solo una nota que le haga recordar para luego compartir entre todos.

Entrégale a cada grupo el cuestionario de Levítico que descargas en: www.e625.com/lecciones

Repasa con ellos sus respuestas en voz alta manejando el tiempo correcto de tu clase.

Conclusiones (15')

En Levítico, Dios les da a los hebreos una lista detallada de conductas esperables para convivir con él y entre ellos y lo hace por dos razones. La primera es para que ellos entendiesen lo especial que es Dios y que debían honrarlo. Nadie puede ser un buen amigo si primero no se respeta a sí mismo y en el caso de Dios, nadie puede ser tratado en más alta estima que el Señor. Segundo, lo hacía porque quería que su pueblo aprendiera a acercarse a Él, que lo conozcan y que Él pueda estar cerca de ellos.

Dios con sus mandamientos los ayuda a vivir mejor, a ser mejores personas, a ser santos como Él es santo y mientras, el Señor también les estaba preparando el camino para que en un futuro todos fueran muy conscientes de su necesidad de un salvador. Jesús que fue el único que pudo cumplir todas las reglas y así darnos entrada libre a la presencia de Dios sin necesidad de más sacrificios.

Levítico es la primera gran exposición legal para entender cuanta falta había de un sacrificio perfecto y un mesías. Jesús fue ese sacrificio perfecto que borró toda la maldad del hombre al perdonarnos y reconciliarnos con Dios y saldar toda afrenta contra las reglas de los levitas.

Cierra con una oración de tres partes que puedes asignar a tres personas.

Que la primera persona reconozca quién es Dios y que él se merece toda la gloria.

Que la segunda de gracias por sus reglas.

Y la tercera de gracias por su salvación cuando no damos la talla con las reglas.

Descarga las lecturas diarias "En familia" desde www.e625.com.

Entrega a cada participante una copia de Lecturas de Levítico en www.e625.com/lecciones

Lección 5 › JOSUÉ

Josué es el primero de los "libros históricos" luego del Pentateuco. La historia continúa justo donde termina Deuteronomio. Después de la muerte de Moisés, el liderazgo de Israel pasa a manos de Josué. Dios, y también Moisés estaban seguros de confiar en Josué porque desde temprano Josué había demostrado que confiaba en Dios y respetaba a las autoridades.

En el libro de Números podemos ver que Josué fue uno de los doce guerreros que fueron a espiar la tierra prometida. Aunque se encontraron con ciudades amuralladas y grandes ejércitos, él y su amigo Caleb fueron los únicos dos que no se acobardaron. Por eso la primera orden de Dios a Josué es tomar finalmente la tierra prometida. Hasta este punto, Israel había sido un pueblo nómade por cuarenta años en el desierto, pero esta vez se cumpliría lo prometido. El libro de Josué relata todas las batallas para conquistar la tierra prometida terminando finalmente con la muerte de Josué a los ciento diez años.

Josué fue un gran líder que supo amar a Dios, cumplir sus mandamientos y guiar a un gran pueblo a su destino.

Preguntas de introducción (10')

Luego de una breve introducción explicando en tus palabras lo que acabas de leer activa a los participantes con algunas preguntas generales.

1. Si pudieras elegir hoy mismo de qué trabajar, ¿Qué elegirías?
2. ¿A quién conoces que trabaja de eso y quizás es tu modelo para seguir?
3. ¿Qué sabes de la historia de Josué?

Todos aspiramos a llegar a ser o a hacer algo en particular algún día. Con el tiempo eso va cambiando, vamos descubriendo nuevas capacidades y talentos y nuestros intereses cambian. Aun la tecnología y las necesidades del mundo cambian y por eso también cambiamos nosotros y las profesiones.

Desarrollo (20')

El libro de Josué se puede estructurar de la siguiente manera:

1. La tierra prometida: 1:1-5:15.
2. Conquista de la tierra prometida: 6:1-12:24.
3. Repartición de las tierras: 13:1-22:34.
4. Despedida de Josué: 23:1-24:33.

A la gran mayoría de nosotros nos atrae la idea de ser los héroes en alguna circunstancia o tener alguna capacidad extraordinaria, pero a casi nadie le gusta el trabajo forzado para aprender las destrezas que son necesarias para responder como héroes en esas circunstancias.

En Josué se termina el cumplimiento la promesa de Dios de liberar a los israelitas de las manos de sus enemigos y de llevarlos a una tierra propia, próspera y abundante donde ellos pudieran ser una nación estable. Pero para ello, y para todas las historias extraordinarias que Dios hizo a través de Josué, hubo una preparación y un esfuerzo detrás de escena para ser el líder que el pueblo de Dios necesitaba.

En los libros anteriores de Números y Deuteronomio, es donde podemos ver cómo el Señor lo comienza a entrenar a Josué para cumplir su propósito.

Lectura dinámica: Prepara de antemano unos carteles grandes que tengan escritas las palabras resaltadas en el texto. Puedes ir pegándolos en una pizarra o una pared.

1 - Que alguien lea Éxodo 17:9-12
Josué era el **asistente** de Moisés y aunque era un privilegio, vivir a la sombra de un gran líder a veces no era tan divertido. Muchas veces acompañó a Moisés a sus encuentros con Dios, pero siempre se tuvo que quedar "sosteniendo el tapado" del lado de afuera de la fiesta esperando por Moisés. Moisés le pide a Josué que escoja unos hombres y salga a pelear contra los amalecitas que venían a atacarlos. Cuando Moisés levantaba las manos los israelitas ganaban, cuando se cansaba y los bajaba los amalecitas ganaban. En el verso 14 el Señor se asegura de que Josué se entere cómo ganaron la batalla. El Señor le estaba mostrando su fidelidad, su manera de actuar y también aumentaba la fe de Josué. Josué muestra **valentía y sujeción a su autoridad** que era Moisés.

2 - Que alguien lea Números 13:2-3
El Señor le ordena a Moisés que envíe a varios hombres a explorar la tierra que el Señor les había prometido. Luego de cuarenta días volvieron a dar el informe de lo que vieron y describieron una tierra muy buena con muchos frutos, pero...llena de gigantes y rodeada de muchos otros pueblos con quienes deberían pelear. Entonces todos se desanimaron y empezaron a quejarse: "¿Para qué salimos de Egipto?" Pero junto con Moisés y Aarón estaban dos de los **exploradores**; Caleb y Josué. Ellos trataban de animar al pueblo diciéndoles que con el Señor podían conquistar la tierra. Pero por la queja del pueblo, ninguno de los mayores de veinte años pudo ver jamás la tierra prometida, solo Caleb y Josué por su valentía y confianza en el Señor. En Números 14:6-8 y 30 Josué muestra que aprendió la lección de fe. **Confía en Dios.** También muestra seguridad al arriesgarse por todos junto a sus compañeros.

3 - Que alguien lea Números 27:18-23
El Señor ya le otorga a Josué **autoridad**. Le dice que lo unjan para que cuando él ordene ir a la guerra, todos lo sigan, y cuando los haga regresar, todos regresen. Josué todavía estaba bajo del liderazgo de Moisés, pero el Señor ya le comenzó a dar autoridad por su fe y obediencia. Josué muestra **humildad** manteniéndose bajo las órdenes de Moisés, aunque tenía mucha autoridad.

4 - Que alguien lea Deuteronomio 31:23
El Señor afirma a Josué diciéndole que sea valiente, que él guiaría al pueblo a la tierra prometida. Dios promete estar con Josué. Josué recibe un propósito que se cumpliría en el futuro; **supo esperar** mientras seguía cumpliendo su rol. Dios lo estaba preparando.

5- Que alguien lea Deuteronomio 34:9
Dios lo llena de **sabiduría** y los israelitas lo obedecieron. Bajo su liderazgo hicieron todo lo que el Señor les había ordenado. Dios le da el toque final para ser un buen líder: sabiduría. Por los resultados, Josué se mantuvo fiel al Señor en todas las situaciones. Josué fue un líder sabio.

Las historias más destacadas (15')

Divide al grupo en 6 y entregarles las siguientes citas bíblicas para leer. Son lecturas muy cortas de 6 a 15 versículos.

Las aventuras de Josué:

Grupo 1- Josué 3:5-17: el cruce del río Jordán.
Grupo 2- Josué 6:3-17 y 6:20-21: la conquista de Jericó.
Grupo 3- Josué 8:3-8; 8:18-20 y 8:26: obediencia y victoria.
Grupo 4- Josué 10:9-15: el granizo, el sol y la luna.
Grupo 5- Josué 11:16-23: las promesas cumplidas.
Grupo 6- Josué 13:1; 6-7 y 23:1-8: el fin de Josué.

Rápidamente pídeles que compartan de qué se trata lo que leyeron, cuál es la historia. Si tus jóvenes hablan mucho, pídeles que sean muy breves o coloca un cronometro y desafíalos a que cuenten la historia completa en 90 segundos. Que se preparen para ello. Siempre piensa estratégicamente al repartir las lecturas.

Conclusiones (10')

Josué fue fiel, valiente, humilde y sabio y el Señor lo premió con mucho más de lo que se hubiera podido imaginar. Con Josué, el pueblo de Dios finalmente fue una nación organizada con territorio propio.

Deja que el grupo comparta qué quieren decir para ellos estas 4 virtudes.

En la etapa que están viviendo los jóvenes universitarios se hace muy importante definir la vocación y tener una visión de destino y estas cuatro características son fundamentales para que ellos puedan cumplir su misión en la tierra.

Cierra con un tiempo de oración agradeciendo al Señor las enseñanzas del libro de Josué y pidiéndole que todo el grupo aprenda a desarrollar estas virtudes.

Entrega a cada participante una copia de Lecturas de Josué en www.e625.com/lecciones

Lección 6 › JUECES Y RUT

Josué dejó casi todo el territorio de la tierra prometida conquistado y al pueblo de Israel organizado por tribu con cada una en un territorio designado. En un principio los israelitas continuaron tomando posesión de la tierra, pero cuando murió toda la generación de Josué, las nuevas generaciones se fueron olvidando lo que Dios había hecho por Israel.

El pueblo de Dios comenzó a adoptar costumbres y a los dioses de los pueblos que habían conquistado y entonces comenzaron a vivir las consecuencias de estas malas decisiones. En medio de esta situación surgieron "los jueces" quienes fueron líderes que intentaron mantener la moralidad del pueblo y la bendición de Dios con ellos, pero este fue un periodo de luchas internas y rebeldía.

En medio de esta época surgió también Rut. Las peleas internas y el mezclarse con valores paganos debilitó a Israel política y espiritualmente y en Jueces 17:6 leemos. "…cada uno hacía lo que quería" pero la historia de Rut es refrescante porque es una historia de amor y lealtad y deja ver que ser parte del pueblo de Dios no es cuestión de etnia o raza sino de fe.

Rut era moabita, casada con un israelita. Cuando queda viuda, en vez de volverse a su casa en busca de un nuevo marido, decide seguir a su suegra Noemí hacia Belén. Allí tiene su historia de amor y se casa con Booz. Tienen un hijo llamado Obed, un nieto llamado Isaí y un bisnieto llamado David, que llega a ser nada más y nada menos que el rey David. La historia de Rut comienza con un presente incierto y termina con un futuro brillante, el rey David y la dinastía del mismo Jesús.

Preguntas de introducción (10')

Luego de una breve introducción explicando en tus palabras lo que acabas de leer activa a los participantes con algunas preguntas generales.

1. *Cuando alguien que amamos nos lastima ¿Cómo nos hace sentir?*

2. *¿Será que Dios está obligado a perdonarnos cada vez que cometemos un pecado? ¿Por qué creemos que a Dios no le cuesta perdonar?*

Dios siempre amó a su pueblo, pero su pueblo no siempre amó a Dios. En este periodo de la historia vemos cómo el pueblo le da la espalda a Dios y Dios le perdona y le da nuevas oportunidades y también advertencias de lo que sucede cuando se contamina.

Desarrollo (25')

El libro de Jueces se puede estructurar de la siguiente manera:
De la conquista a la derrota: 1:1-3:6.
Historia de los Jueces: 3:7-16:31.
Una nación sin rey: 17:1-21:25.

Y el de Rut, así:
Elimelec y su familia parten a Moab: 1:1-5.
Regreso a Belén: 1:6-22.
Rut y Booz: 2:1-4:12.
Genealogía de David: 4:13-22.

Siempre es bueno que muestres estos bosquejos en una lámina o los vayas completando en una pizarra para mostrar a los participantes un panorama completo del contenido que estás analizando.

Las cuatro lecturas fundamentales:

1. Que alguien lea en voz alta Jueces 2:7, 10-14.
El libro de Jueces comienza justo luego de haber muerto Josué. El pueblo de Dios se alejó de Él una y otra vez. Eso provocó que tomaran muy malas decisiones y que las consecuencias les cayeran encima sin piedad.

2. Que alguien lea Jueces 2:1-3
Cuando se encontraban en aprietos por asimilar los valores y costumbres de los pueblos que los rodeaban, venían arrepentidos a rogarle al Señor que los librara ya que sus dioses falsos nunca podrían hacer nada por ellos ya que no eran reales. Lo mismo les repite en Jueces 6:7-10 ¡Parece que tenían muy mala memoria!

3. Que alguien lea Jueces 2:16-19.
A través de diferentes jueces y profetas, Dios rescataba a su pueblo de su equivocada manera de vivir y entonces volvían a Dios, pero ni bien esa persona moría, otra vez se iban detrás de otros dioses y volvían a la desgracia.

4. Que alguien lea Rut 1:6 al 17 (Antes de la lectura explica que los hijos de Noemí habían muerto y que por esto sucede esta conversación entre ella y sus nueras)
Ser parte del pueblo de Dios y heredar sus promesas no tiene que ver con nuestro lugar de nacimiento sino con nuestras decisiones.

Preguntas para reflexionar en las cuatro lecturas fundamentales:

1. ¿Por qué Israel se olvidaba de Dios?
2. Como se nota con el ejemplo de Rut el problema no era mezclarse con otros pueblos sino conformarse con sus valores y visión de la realidad. ¿Por qué dioses paganos de la cultura podemos dejarnos seducir hoy?
3 ¿Por qué el pueblo dependía tanto de sus líderes?
4. ¿Cuál es la gran lección que esconde el ejemplo de Rut?

Dos importantes entrevistas (15')

Separa al grupo entre hombres y mujeres.

A los varones dales la historia de "Gedeón" (Jueces 6:1-10, 36-40; 7:1-22)
Y a las chicas dales la historia de cuando Rut conoce a Booz (Rut 1:18-2:23)

Cada equipo deberá leer y luego elegir a un amigo que represente el personaje principal que salga del grupo y mientras la persona elegida sale, luego deben preparar preguntas como si fueran a hacerle una entrevista de TV a ese personaje. Controla el tiempo para que no se haga larga la preparación, Deben hacer al menos 4 preguntas inteligentes acerca de lo que se personaje vivió y sobre todo sintió y aprendió. Luego la persona seleccionada se sienta en una silla en el centro del grupo y debe responder las preguntas somo si fueran Gedeón y Rut.

Conclusiones (10')

Dios deja ver a través de estas historias de Jueces y también en Rut que Él ama tanto a su pueblo que es celoso de que el corazón del pueblo no se contamine con valores y hábitos que terminarán produciéndoles mucho dolor y que pierdan su fe.

Dios da muchas oportunidades a su pueblo, pero también les advierte de las consecuencias de olvidarlo y por eso envía líderes a corregirlos. Las historias de Gedeón y Rut y también la de Sansón y otros jueces permiten que aprendamos que no podemos abandonar a Dios cuando las cosas se ponen difíciles y que permanecer fieles en tiempos complicados siempre tiene su recompensa.

La historia de Rut hace evidente que a Dios le importa más a dónde vamos que de dónde venimos y que seguirle es una decisión personal. Cierra la clase agradeciendo a Dios por las enseñanzas del libro de Jueces y Rut.

Entrega a cada participante una copia de Lecturas de Jueces y Rut en www.e625.com/lecciones

Lección 7 > 1 Y 2 SAMUEL

Samuel es un profeta que aparece justo después del periodo de los jueces y hace la transición entre esa parte de la historia de Israel y el periodo de los reyes.
Un profeta es alguien que habla al pueblo de parte de Dios y desde entonces los profetas personificaron la guía espiritual de Israel como instrumentos de Dios para comunicar su voluntad.

Samuel fue un milagro para Ana, su madre que hasta concebir a Samuel había sido considerada estéril y por esa razón lo dedicó a Dios en agradecimiento. Elí, era sacerdote de aquel tiempo y por pedido de Ana educó a Samuel en el templo. Luego Dios llama a Samuel siendo un niño y en su juventud y adultez lo utiliza como líder espiritual de Israel, pero luego de muchos años, por influencia de las otras naciones de la tierra, Israel le pide a Samuel un rey terrenal.

Samuel unge al primer rey de Israel que se llamó Saúl quien se convierte en el último de los jueces de Israel. El libro primero de Samuel termina con la muerte de Saúl y el segundo relata la coronación de David y sus grandes historias como rey.

Preguntas de introducción (10')

Luego de una breve introducción explicando en tus palabras lo que acabas de leer activa a los participantes con algunas preguntas generales.

1- Si pudieras elegir un puesto en el gobierno, ¿cuál elegirías?
2- ¿Cómo sería un país sin presidente?
3- ¿Por qué crees que necesitamos cambiar de presidente de tiempo en tiempo?

Los israelitas nunca habían tenido un rey. Habían tenido grandes líderes como Moisés que los sacó de Egipto, Josué que los organizó y los jueces que habían guiado al pueblo con respecto a las leyes y los mandamientos del Señor. El último de estos jueces fue Samuel y él fue el sacerdote y profeta de Dios que le dio a Israel su primer rey: Saúl. Este es el comienzo de toda otra etapa en la vida de los hebreos, nuevas aventuras e historias se están escribiendo.

Desarrollo (30')

Podemos estructurar los dos libros de Samuel de la siguiente manera:

La llegada y el llamado de Samuel: 1S 1:1-7:17.
Saúl el primer rey de Israel: 1S 8:1-15:35.

Un nuevo rey conforme a Dios: 1S 16:1-31:13.
La vida de David 2S 1:1-21:14.
Los últimos días de David: 2S 21:15-24:25.

Ahora vamos a algunas de las lecturas principales:
Lecturas actuadas con Samuel
Explícales a los participantes que vas a leer algunas partes fundamentales de 1 y 2 Samuel pero que necesitas voluntarios para interpretar el papel de los personajes. Si la lectura dice "Dios lo llamó: Samuel, Samuel", quien hace la voz de Dios debe repetirlo; si es más largo, que lo diga con sus palabras, para que sea chistoso y memorable. En esta dinámica la actuación debe ser rápida y también tu relato ser exagerado para que sea divertido.

1-1° Samuel 3:1-10 y 19-20
Personajes que necesitas: Samuel, Elí y la voz de Dios.
Pregunta de discusión: ¿Cómo podemos discernir la voz de Dios?

2- 1 Samuel 8:1-8
Personajes que necesitas: Samuel, los ancianos de la iglesia (todos), la voz de Dios.
Pregunta de discusión: ¿Por qué el pueblo quería un rey?

3- 1 Samuel 10:20-27
Personajes que necesitas: Samuel, tribus (todos), la voz de Dios, Saúl (el más alto).
Pregunta de discusión: ¿Por qué Saúl no se sentía seguro de sí mismo?

4- 1 Samuel 15: 10-23
Personajes que necesitas: Samuel, la voz de Dios, Saúl
Pregunta de discusión: ¿Cuál fue la razón principal por la que Dios se enojó con Saúl?

5- 1 Samuel 16:1, 5-14, 18-19, 21-23
Personajes que necesitas: Samuel, la voz de Dios, Isaí y sus hijos (solo los tres que menciona) y David.
Pregunta de discusión: ¿Cuál sería el propósito de Dios en que David sirviera a Saúl por un tiempo?

6- 2 Samuel 11:1-5
Personajes que necesitas: David, Joab, la voz de muchos y Betsabé (Esta actuación puede ser algo vergonzosa y muy chistosa)
Pregunta de discusión: ¿Cuáles son todos los errores de David en esta escena?

Conclusiones (10')

En los libros de Samuel encontramos las historias más conocidas de los primeros dos reyes de Israel: Saúl y David. El primero con muchas características exteriores correctas pero un corazón inseguro y el segundo que comienza sin tener ni siguiera el tamaño y la experiencia para un rey y sin embargo comienza teniendo el corazón correcto.

Los otros dos personajes principales de estos libros son el mismo Samuel y también Jonatán, el hijo de Saúl que termina siendo el mejor amigo de David.

Samuel entonces fue el último de los jueces de Israel quien ungió a los primeros reyes de Israel y trabajó para ser su conciencia espiritual. El primer rey Saúl perdió el favor de Dios por desobedecer. Entonces tomó su lugar quien comenzó siendo un muchachito al servicio del rey, pero que llegó a ser uno de los reyes más poderosos y con un corazón conforme a Dios.

En 2 Samuel se relatan todas las historias del rey David. Las buenas y las otras, porque también cometió muchos errores. Pero a diferencia de Saúl, David se arrepentía genuinamente y no solamente servía a Dios o tenía una posición al frente del pueblo, sino que confiaba en Dios y amaba a su pueblo. Por estas razones Dios lo bendijo con la siguiente promesa haciendo un pacto eterno con David:

2 Samuel 7:12-16 *"Porque cuando tú mueras, yo pondré a uno de tus hijos en tu trono y haré que su reino sea fuerte. Él será el que me va a edificar un templo, y yo estableceré su trono para siempre. Yo seré su Padre y él será mi hijo. Si él me falla, yo lo castigaré como un padre castiga a su hijo, pero no le retiraré mi amor como sí se lo retiré a Saúl, tu antecesor. Tu dinastía y tu reino gozarán de mi favor, de modo que tu trono será establecido para siempre".*

Y así fue, porque de la descendencia de David nació Jesús y su reino es para siempre.

Cierra la lección agradeciendo a Dios por incluir en la Biblia historias de éxito y de fracaso para que podamos aprender de ambas circunstancias y pidiéndole también discernimiento para como el mismo Samuel siempre aprendamos a reconocer su voz.

Entrega a cada participante una copia de Lecturas de Samuel en www.e625.com/lecciones

Lección 8 › 1 Y 2 REYES

Los libros de 1 y 2 Reyes fueron nombrados así por el relato histórico de los acontecimientos más importantes de los reyes de Israel, excluyendo a los dos primeros que se encuentran en los dos libros de Samuel.

Esta historia comienza con Salomón, atraviesa la división entre Israel y Judá y llega hasta la disolución de Judá bajo el rey Sedequías. Estos libros señalan que la idolatría y la adoración a otros dioses rompieron el pacto con Dios provocando la deportación y esclavitud de Israel y Judá.

El pueblo de Dios se encuentra dividido y de nuevo dónde empezaron en épocas de Moisés, del otro lado del Jordán rogando por una nueva oportunidad. El autor mantiene el registro de estos hechos para demostrar a los cautivos que el arrepentimiento es la única manera de ser nuevamente una nación libre.

Muchas de las historias relatadas en estos dos libros están correlativamente en los libros de Crónicas (crónicas de los reyes) escrito por Esdras y de fondo tienen el mismo objetivo: recordarle al pueblo de Israel su historia para aprender de sus victorias y fracasos tratando de acercarlos de nuevo a Dios.

Preguntas de introducción (10')

Luego de una breve introducción explicando en tus palabras lo que acabas de leer activa a los participantes con algunas preguntas generales.

1. Si tuvieras la oportunidad de ser nombrado Rey o Reina ¿Cuál sería uno de tus primeros mandatos?
2- ¿Cuál sería una de tus primeras prohibiciones?
3- ¿Cómo te gustaría que te recordasen?

Todos los gobernantes procuran dejar una huella en la historia, su dinastía es lo que los hace únicos y especiales. Algunos han dejado una huella que la historia gradece mientras que otros preferiríamos borrarlos de la historia.

Los primeros reyes en la Biblia no se quedan atrás. Algunos fueron muy populares entre su pueblo, otros han pasado a la historia sin mucha gloria y otros han contribuido a formar el mundo como hoy existe.

Desarrollo (30')

Podemos estructurar los libros de 1 y 2 Reyes según los personajes principales:

David: Rey de Israel, nombra a Salomón como su sucesor. 1R: 1:1-2:10.
Salomón: Hijo de Betsabé y David; el tercero de los reyes de Israel, constructor del templo. El hombre más sabio que haya existido. 1R 1:10-11:43.
Roboam: Hijo de Salomón, sucesor del trono. Sus malas decisiones llevaron a la división del reino en Israel y Judá; luego reinó sobre Judá. 1R 11:43-12:24; 14:21-30.
Jeroboam: Rey de las diez tribus de Israel; levantó ídolos y nombró sacerdotes que no eran levitas. 1R 11:26-14:20.
Judá bajo **Abías y Asa.** 1R 15:1-24.
Israel bajo **Nadab, Basá, Elá, Zimri y Omir.** 1R 15:25-16:28.
Israel bajo **Acab**. 1R 16:29-19:9.
Elías y Eliseo. 1R 19:9-21; 2R 2:1-25; 2R 4:1-8:15.
Últimos años de **Acab.** 1R 20:1-22:40.
Josafat rey de Judá. 1R 22:41-50.
Israel bajo **Ocozías y Jorán**. 1R 22:51; 2R1:1-18; 8:16-29.
Los **moabitas** se rebelan contra Israel. 2R 3:1-27.
Desde **Jehú** hasta la caída de Israel. 2R 9:1-17:41.
El rey que agradó a Dios: **Ezequiel**. 2R 18:1-20:20.
Isaías: Profeta que ministró durante cinco reinados de los reyes de Judá. 2R 18:13-19:36.
Judá bajo **Manansés y Amón**. 2R 21:1-26.
Josías y la renovación del pacto. 2R 22:1-23:30.
Joacaz, Joacím y Joaquim. 2R 23:31-24:17.
Sedequías en Judá. 2R 24:18-20.
La caída de Jerusalén. 2R 25:1-26.
Liberación del rey **Joaquín** 2R 25:27-30.

Dinámica: El rey pide...

Quizás hayas jugado a este juego mil veces, pero lo importante es que deja bien en claro el poder de los reyes sobre su pueblo.

Antes de comenzar la clase, escribe en una pizarra o cartulina o proyecta una lista de cosas que los participantes deben conseguir. También puedes simplemente usar copias de papel y entregarlas. Haz una lista de cosas que puedan llegar a encontrar fácilmente a su alrededor (una hoja de árbol verde, una piedra negra, el pelo más largo, etc., dependiendo del lugar donde se encuentren) y otra con cosas que sean más difíciles de encontrar o que requieran imaginación (el versículo más corto de la Biblia, un insecto vivo, el segundo nombre del pastor, etc.).

Ten en cuenta que solo les darás 10. Suena un silbato o una alarma de teléfono para que sepan cuando comienza y termina el tiempo. Quien más cosas haya conseguido será el ganador (trata de tener algún premio).

Historias de reyes, reinos y profetas
Comencemos con Salomón

Salomón: Fue el tercer rey de Israel, el hijo de David y Betsabé y el hombre más sabio de la historia

Lee 1R 3:7-14 y 4:29-34.

¿Qué le pidió Salomón a Dios? ¿Qué hubiéramos pedido nosotros en su lugar? ¿Cuál era la petición de Dios a Salomón?

Roboam, el hijo de Salomón, el cuarto rey de Israel. Este rey escuchó a sus amigos jóvenes y en vez de ayudar al pueblo les impuso trabajos más forzados que antes. El pueblo se sublevó y no hubo quién lo defendiera con la excepción de la tribu de Judá, tal como Dios le había anticipado a Salomón. Todo Israel excepto la tribu de Judá nombró rey a Jeroboam y Roboam se refugió en Jerusalén con las familias de Judá y Benjamín. Ahí se produjo la división del reino de Israel. Por un lado, Israel y por el otro lado, Judá.

Lee 1R 12:1-20.

¿Por qué Roboam decidió no escuchar a los que tenían experiencia y si escuchar a sus amigotes? ¿Cómo encontrar consejeros sabios en nuestra vida?

A estos tres Reyes les siguieron muchos otros y entre tanto caos Dios siempre estuvo atento enviando a algunos profetas muy especiales entre los cuales se destacan:

Elías nunca murió, fue llevado al cielo con vida. Hizo muchas señales en nombre de Dios y una de las más espectaculares fue que oró y cayó fuego del cielo consumiendo todo un sacrificio (1R 18:19-40). Luego de varias aventuras, Elías fue llevado al cielo sin morir. (2R. 2:6-15).

Elíseo: El sucesor de Elías. Eliseo pide a Dios una porción doble del espíritu que ardía en Elías, y Dios se lo da. (2R 2:1-18).

Elías y Eliseo fueron profetas que honraron a Dios y por eso Dios decidió hacer grandes maravillas con ellos. Dios se presentó a Elías en el suave murmullo y le dio confianza y seguridad para no tener miedo, ganar la batalla y defender a los que nunca habían traicionado a Dios con otros dioses. Dios podía haber mostrado cuán fuerte era con un terremoto que partía la tierra o un fuego incontrolable, pero decide ser el suave murmullo porque su poder no está en lo temible sino en su amor y cuidado.

Conclusiones (10')

Olvidar que quien verdaderamente debe estar en el trono es Dios es siempre un mal consejo.

La rebeldía de los reyes llevó a que el pueblo de Dios se dividiera y a que tuvieran muchas rivalidades.

Salomón comenzó muy bien pero luego perdió el rumbo y su desgano por el consejo de Dios tuvo una consecuencia para todos. Quizás Salomón se sintió demasiado sabio y su ejemplo se transfirió a las siguientes generaciones.

Dios envía profetas. A veces habla en el fuego y otras en suaves brisas. Sus profetas son también imperfectos como los reyes, pero Dios tiene una misión para unos y otros y es que más personas caminen cerca de él y su pueblo crezca en influencia.

Muchas veces perdemos de vista que nuestras decisiones hacen eco en nuestro futuro, familia y ciudades.

Cierra la clase agradeciendo al Señor por los libros de los reyes y animando a los miembros del grupo a leer con atención cada una de las historias de las meditaciones de la semana.

Entrega a cada participante una copia de Lecturas de los Reyes en www.e625.com/lecciones

Lección 9 › JOB

El nombre "Job" en hebreo significa "el perseguido". Se cree que Moisés pudo ser el autor de este libro por haber vivido en la misma ciudad que Job, o quizás Salomón, por el estilo de escritura y por esta razón se puso esta historia en esta posición en la Biblia.

Por varias descripciones que hay en el libro, se cree también que Job vivió entre la historia de la torre de Babel y Abraham. El libro de Job comienza relatando una discusión entre Dios y Satanás, algo que Job no sabía. Sus amigos, y aun Job en su ignorancia, tratan de explicar el sufrimiento de Job desde lo racional, hasta que finalmente Job solo descansa en su fe, en la bondad de Dios y en la esperanza de la redención. Dios defiende la confianza de Job haciendo de esto el mensaje central del libro ya que cuando no hay explicaciones racionales, ni teológicas para el dolor, igual siempre podemos confiar en Dios.

Preguntas de introducción (10')

Luego de una breve introducción explicando en tus palabras lo que acabas de leer activa a los participantes con algunas preguntas generales.

1- Si tuvieran que elegir algún desastre natural ¿Cuál elegirían? ¿Por qué?
2- Y si fuera algún impedimento físico el resto de tu vida, ¿cuál elegirías y por qué?

No siempre somos conscientes de las posibilidades y bendiciones que tenemos. Para algunos el caminar o correr no es una preocupación, el pasar por una tragedia natural como un terremoto o una inundación es algo lejano, o abrir el grifo y que salga agua es lo normal. Entonces, cuando alguna tragedia sucede pareciera que el mundo se acaba y es allí donde nos damos cuenta qué valioso era lo que teníamos antes.

La historia de Job es una trágica sucesión de desgracias; conociéndola, quizás podamos sentirnos un poco mejor con nosotros mismos y podemos aprender a ser agradecidos en los momentos más difíciles.

Desarrollo (35')

La estructurar del libro de Job es la siguiente:

1. El dilema, la sabiduría de Dios y el debate con Satanás: (1:1-2:13).
2. La queja: (2:11-3:26).

3. Los debates de Job y sus amigos: (4:1-37:24).
   - Primer ciclo: (4:1-14:22).
   - Segundo ciclo: (15:1-21:34).
   - Tercer ciclo: (22:1-32).
   - Queja final de Job: (29:1-31:40).
4. Los discursos de Eliú: (32:1-37:24).
5. La intervención de Dios: (38:1-42:17)

En todo el libro de Job hay debates entre él y tres amigos y al final interviene un cuarto amigo. Entonces para entender mejor el libro vamos a dividirnos en grupos y debatir la situación de Job.

Las 4 estaciones de Job

Elije cuatro espacios del salón, a cuatro líderes y divide a todo el grupo en cuatro. A los líderes asígnales sus versículos y dales una hoja con su lista de preguntas para guiar la conversación. Asigna un grupo a cada estación y un orden de rotación para que luego cambien de lugar sucesivamente hasta que los cuatro grupos pasan por las cuatro estaciones.

Adviérteles que tendrán 5 minutos para hacer la lectura y responder las preguntas y que tu tendrás un cronometro (puedes usar un reloj o teléfono).

Estación 1: El debate entre Dios y Satanás, 1:1-12.
¿Cómo era en un principio la vida de Job??
¿Qué virtudes resalta Dios de Job?
¿Cómo justifica Satanás el comportamiento de Job?
¿Por qué Dios habrá decidido probar la fidelidad de Job?

Estación 2: Las desgracias de Job, 1:13-22.
Job perdió todo lo que tenía. Si Job fuera una historia de hoy, ¿qué cosas hubiera perdido?
¿Cuál fue la reacción de Job?

Estación 3: La segunda prueba de Job, 2: 1-10
¿Cómo lo prueba ahora Satanás a Job?
¿Cómo reacciona su esposa?
¿Cómo reacciona Job?

Estación 4: Dos amigos de Job: (antes de la clase puedes elegir los versículos que mejor te parezcan para tu público).

Palabras de Elifaz: 4:7-9; 15:1-6; 22:22-30.
¿De qué lo acusa su amigo Elifaz?

Palabras de Eliú: 32:12; 33:8-19, 29-30; 34:10-12; 35:8; 36:15-16
¿Cuál es el consejo de Eliú?

Que todo el grupo vuelva a su lugar y haz la siguiente pregunta pidiendo que hagan silencio y nadie la responda:

¿Por qué un Dios bueno permite que sus hijos sufran?

Y luego de unos segundos afirma:

Porque el sufrimiento tiene el potencial de sacar lo mejor de nosotros.

Y otra vez pídeles que mediten esa idea en silencio por unos segundos.

Respuesta de Dios
Ahora lee en voz alta 38:1-3; 40:1-7.

Dios le hace a Job un montón de preguntas que solo muestran su grandeza y lo pequeño que somos los humanos.

Conclusiones (10')

Algunas cosas que vivimos son consecuencia de nuestros pecados. Otras, son consecuencia del pecado de otros y aun otras son oportunidades que Dios nos regala para descubrir virtudes de nuestro carácter que solo las pruebas saben sacar a relucir.

De lo que tenemos que estar seguros es que Dios conoce cada momento triste de nuestra vida, Él conoce cada cosa que nos falta y cada cosa que necesitamos y ninguna circunstancia adversa es un "castigo" de Dios porque Dios no retribuye lo malo con algo peor, sino que siempre tiene el propósito de bendecirnos aun a través de las circunstancias que son difíciles de atravesar,

Sabiamente Job dice: *"Si de Dios sabemos recibir lo bueno, ¿no sabremos también recibir lo malo?"*. (2:10). Dios nunca promete que no tendremos ningún dolor; vivimos en un mundo quebrado y el dolor está en todos lados y además tiene su lado positivo para hacernos sensibles a los dolores de otros.

Muchas veces sufrimos porque hay demasiadas personas que viven en la oscuridad, alejadas de Dios, tomando decisiones egoístas y todos padecemos las consecuencias.

Es justamente en el sufrimiento que Dios revela su consuelo y su gracia. Como enseña también 2 Corintios 1:2-7 (léelo). A veces no sabemos por qué, como le pasó a Job. Sus amigos trataban de encontrar la razón; Dios solo hacía relucir lo mejor de Job. Pero la fidelidad de Dios va más allá de toda la percepción humana y su deseo para nosotros es siempre de bien.

Termina leyendo: Job 42:12-16 y cierra con una oración.

Entrega a cada participante una copia de Lecturas de Job en www.e625.com/lecciones

Lección 10 › SALMOS (primera parte)

Los salmos constituyen el antiguo "libro de los himnos" de Israel y el nombre, tanto en hebreo como en griego de la palabra que se utilizaba, incluía en su significado el uso del ritmo y la música.

Los Salmos fueron inspirados por Dios para inspirar a los seres humanos a la adoración honesta. Podemos destacar al menos siete autores, entre ellos: el rey David, que escribió setenta y cinco de los ciento cincuenta salmos, los hijos de Coré que escribieron diez y Asaf que compuso doce. Otros autores fueron: Salomón (dos), Moisés (uno), Hermán (uno) y Etan (uno) y los otros cuarenta y ocho salmos permanecen anónimos.

Los salmos se fueron coleccionando en un período de unos novecientos años de la historia de los judíos. Para han sido siempre de gran significado ya que les ayuda a recordar su historia y creencias de una manera fácil y práctica para transmitir sus verdades de generación en generación.

Preguntas de introducción (10')

Luego de una breve introducción explicando en tus palabras lo que acabamos de explicar, puedes compartir estas preguntas para activar la conversación:

1- ¿A quién le gusta la música y quién toma clases de algún instrumento?
2- ¿Qué tipo de música les gusta más? ¿Quién es su artista favorito y por qué?
3- ¿Qué canciones que cantamos en las reuniones es su favorita? ¿Por qué?

Si pensamos en la naturaleza, en los animales y luego nos sumergimos en los mares y volamos al cielo, o si pensamos en el cuerpo humano, con cada parte cumpliendo su función específica, y ni hablar si nos ponemos a pensar en la galaxia y en todo el universo sincronizado, nos damos cuenta de los milagros y maravillas de Dios que vivimos cotidianamente. El rey David sí supo percibir esa realidad y además supo expresar su agradecimiento a Dios de manera súper especial. En el libro de los Salmos encontramos muchas canciones y poesías que exaltan a Dios por sus obras y su cuidado.

Desarrollo (30')

Los salmos presentan una amplia gama de teología aplicada a eventos de la vida diaria y los tópicos son demasiado variados para relacionarlos, pero a grandes rasgos se clasifican de la siguiente manera:

1. Salmos sapienciales: instrucciones para una vida sabia.
2. Salmos de lamentaciones: meditando sobre los dolores de la vida.
3. Salmos de la realeza: meditaciones sobre la soberanía de Dios.
4. Salmos de penitencia: meditaciones sobre la consecuencia del pecado.
5. Salmos de acción de gracias: alabanza a Dios.

El bosquejo del libro de los salmos se separa en cinco libros:

1. Libro I: Salmos 1-41.
2. Libro II: Salmos 42-72.
3. Libro III: Salmos 73-89.
4. Libro IV: Salmos 90-106.
5. Libro V: Salmos 107-150.

Y en general destacan dos aspectos:

Alabanza: la fortaleza, momentos de alegría y exaltación a Dios.
Fragilidad: la debilidad, momentos de dolor y búsqueda del Señor.

Guerra de canciones

Divide al grupo en dos de cantidades iguales de mujeres y varones, o puedes hacerlo mujeres contra varones. Tira una moneda al aire para elegir el equipo que comienza. Este equipo debe cantar una canción y debe parar en cualquier momento que lo desee. El equipo contrario tendrá veinte segundos para comenzar otra canción que comience con la letra o la palabra con la que terminó el equipo anterior.
Cuando un equipo no sepa con qué canción seguir, pierde y el otro equipo recibe un punto. Esto se repite por quince minutos. No te molestes ni enojes si no usan canciones cristianas; la regla que no se debe romper es que la letra no puede decir cosas groseras o deshonrosas.

Repaso del libro

La música es, sin duda, una de las principales atracciones para el mundo de los jóvenes. Muchos se agrupan por el gusto musical en común, se visten como las bandas de preferencia e incluso comienzan amistades y relaciones por compartir el mismo gusto musical. David sin duda hoy sería un músico famoso y tendría varios discos grabados.

El propósito de los salmos era adorar a Dios recordando sus obras y hoy al leerlos nos inspira a pensar en Él y en lo que ha hecho por nosotros. Cantar los Salmos en canciones modernas nos hace recordar siempre quién es Dios.

Entrega a cada participante una copia de En Sintonía que descargas en www.e625.com/lecciones

Mi Salmo de alabanza

Hay muchas cosas por las que nos acercamos a conversar con nuestro Padre celestial. Cuando pasamos un momento triste, cuando estamos felices o cuando nos sobrepasa una situación. Pero seamos sinceros, la mayoría de las veces es porque atravesamos una situación en la que necesitamos de Él. A muchos nos cuesta acercarnos solamente para agradecer, para exaltar su nombre, para decirle cosas bonitas a Dios. El ser humano atraviesa miles de sentimientos... utilicemos algunos de ellos para expresarle a Dios gratitud.

Reparte un papel y un lápiz por alumno. Cada uno debe escribir un salmo de alabanza. El desafío es que solo puede alabar a Dios sin pedirle nada.

Si alguno se anima a rapearlo, cantarlo o recitarlo, dales la oportunidad de hacerlo. Si quieren compartirlo contigo o con algún otro amigo, en privado, también sería bueno que tengan la posibilidad.

Conclusiones (5')

Los Salmos dejan en claro que alabanza alegra el corazón de Dios y el nuestro y también que hay momentos para lamentar y se brutalmente honestos respecto a nuestros sentimientos. A Dios obviamente le encanta ser halagado, pero no por solo desear los halagos sino por anhelar nuestro amor. El ama que sus hijos lo llenen de palabras lindas y de agradecimiento porque eso nos hace bien a sus hijos. Al fin y al cabo, nuestros cánticos y alabanzas terrenales son un ensayo de aquello glorioso que haremos en el cielo al alabarle cara a cara y estar plenamente agradecidos.

La poesía y el arte son una expresión de la creatividad de Dios en nosotros y la alabanza y la adoración no se reducen a expresiones internas sino a lo que brota de lo más profundo de nuestro ser.

Nuestras canciones y alabanzas deben surgir naturalmente de un corazón lleno de agradecimiento real y de acciones que respalden lo que sale de él. Dios desea que lo alabemos con el espíritu y con la verdad (Juan 4:23-24).

Entrega a cada participante una copia de Lecturas de Salmos I descargable en www.e625.com/lecciones

Lección 11 > SALMOS (segunda parte)

Así como los Salmos de alabanza expresan gozo y agradecimiento, los Salmos de fragilidad demuestran que el temor y la ansiedad son sensaciones que Dios también aprecia que se eleven como un clamor a Él para ser rescatados. Después de todo, esas sensaciones pueden ser señales de dependencia y Dios aprecia venir a sus hijos también cuando tenemos ese tipo de emociones.

Preguntas de introducción al tema (10')

Luego de una breve introducción explicando en tus palabras lo que acabamos de explicar, puedes compartir estas preguntas para activar la conversación:

1- ¿Qué cosas solían darte miedo cuando eras pequeño?
2- ¿Qué crees que es peor, tener miedo de algo o de alguien? ¿Por qué?
3- Cuando algo da miedo, ¿cuál es la mejor manera de superarlo?

Todos en algún momento sentimos miedo y ansiedad. Quizás no a cosas que pueden saltar en la oscuridad para asustarnos o una fobia como a las arañas o a las ratas, pero podemos temer ser rechazados por alguien importante para nosotros, perder o encontrar un trabajo o a desaprobar materias en la universidad. Los salmos también enseñan acerca de aquellos temores internos que nos persiguen y debilitan.

Desarrollo (30')

Entrega papeles en blanco a tus jóvenes y pídeles que hagan tres columnas: Cosas, Personas, Sentimientos.

Nota: "Cosas" significa cosas como desastres naturales, enfermedades, accidentes, falta de algo material. "Personas" significa que le temen a alguien en particular, un novio/a, un profesor, un jefe, padre o madre. "Sentimientos" es soledad, depresión, dolor, fracaso, ansiedad.

Pídeles que se ubiquen con una palabra su miedo en la columna con la que lo identifican. Puede que sea más de una cosa en más de una columna.

Ahora pídeles que hagan un círculo en aquellos que creen ellos pueden controlar y un cuadrado en las que no pueden controlar. Pregunta si alguien quiere compartir sus respuestas.

No temas
Entrégale a cada uno de tus alumnos la copia de "No temas" que encontrarás en **www.e625.com/lecciones** y déjalos responder por unos minutos. Allí también encontrarás la guía para el maestro.

Reflexión sobre los temores, la angustia y los salmos de fragilidad
Como vimos en el libro de Job, muchas veces no sabemos por qué ciertas cosas pasan, o sabemos que son consecuencias de las malas decisiones, y/o el pecado de algunas personas que nos rodean. Vivimos en un mundo roto, que necesita de la guía de Dios para vivir bien y disfrutar. Pero al igual que Israel, nos alejamos de Dios demasiadas veces y cada uno quiere hacer lo que se le da la gana. Isaías 53:6-7 es la profecía de la cruz de Jesús y dice que todos lo abandonamos, que nos fuimos cada uno por su lado, pero aun así Jehová cargó en Él el pecado de todos nosotros.

Cristo sufrió en silencio, injustamente, sintiendo el dolor de nuestro abandono y de cargar con toda la maldad del mundo. Jesús sabe bien lo que es sentirse angustiado y abandonado, lo que es sufrir las consecuencias del pecado y la maldad. Pero a diferencia nuestra, Él lo hizo para librarnos del dolor, para rescatarnos y volvernos a reconciliar con nuestro Padre celestial.

Como vimos en la clase anterior, Salmos nos lleva al mundo de la poesía, a expresarnos a otro nivel para con Dios en gratitud y alabanza. Pero también nos lleva a la reflexión, a derramar nuestros corazones delante de Él con arrepentimiento y dolor por haberle fallado o con angustia por las situaciones que estamos pasando. Los salmos de David y de otros guerreros son de alabanza, de socorro en la angustia y de alabanza aun en la angustia. Dios no tiene miedo de que le preguntemos: "¿Dónde estás? ¿Por qué me abandonas?". Hasta Jesús le hizo esa pregunta en la cruz. Dios quiere que lo busques cuando estás alegre y cuando estás triste; que te alegres en saber que va a responder aun cuando estás desanimado, porque alabarle en la confianza de que Él nos responderá en el tiempo justo, nos anima, levanta nuestro Espíritu, nos da esperanza y paz.

Conclusiones (10')
Busca una o dos canciones populares que hablen del amor de Dios y de su fidelidad en la angustia y el temor. Si tienes una banda para que toque en vivo o una guitarra, mejor. Si no, puedes buscarlo online (asegúrate de tener buena conexión y un audio lo suficientemente fuerte como para poder alejar cualquier otro ruido).

Invítalos a alabar al Señor con el corazón, presentándole a Él las tristezas, el dolor y los temores, pero con acción de gracias, reconociendo que Él es fiel y que su poder puede librarnos de todo mal.

Luego cierra con una oración y ofrece que aquellos que quieran orar a solas por alguna situación especial puedan levantar su mano y mientras todos cantan puedes juntarte de a uno con quienes levanten su mano y orar por ellos. Sería bueno que tengas a algunos líderes o padres que te puedan ayudar a orar y no desperdiciar la oportunidad.

Entrega a cada participante una copia de Lecturas de Salmos II descargable en www.e625.com/lecciones

Lección 12 › PROVERBIOS

El libro de los proverbios está compuesto por quinientas trece reflexiones importantes que escribió el Rey Salomón y se cree que eran parte de las más de tres mil que escribió junto a algunos otros autores que, obviamente, estaban influenciados por él. (1 Reyes 4:32; Eclesiastés.12:9). Este tremendo libro es una colección de comparaciones, metáforas y afirmaciones basadas en imágenes y conductas comunes y a la vez que reflejan las verdades más profundas de la vida.

Cada proverbio es una verdad sencilla pero profunda que enseña moralidad fundamental y buen juicio para la vida común, reflejando temas teológicos al nivel de la justicia práctica. Los proverbios llevan a la reflexión cuestionando la manera de pensar, de vivir y de administrar la vida bajo la luz de la verdad.

Los dos temas principales y contrastantes del libro de proverbios son la sabiduría y la insensatez

Preguntas de introducción al tema (10')

Luego de una breve introducción explicando en tus palabras lo que acabamos de explicar, puedes compartir estas preguntas para activar la conversación:

1- ¿Quiénes son las personas más importantes en tu vida? ¿Por qué?
2- ¿Qué tipo de secretos le contarías a esa persona?
3- ¿En qué casos le pedirías un consejo a esa persona? ¿Por qué?

Con los padres o abuelos solemos hablar cosas que nos da vergüenza hablar con los amigos, y con los amigos hablamos todo lo que creemos que los padres no entenderían. Pero siempre las personas más importantes son a quienes les confiamos nuestros secretos y a quienes vamos por consejos. A medida que crecemos vamos aprendiendo a ser mejores hijos, mejores nietos, mejores amigos, etc. y poco a poco también adquirimos sabiduría para dar consejos a otros.

Desarrollo (30')

Los temas tratados en Proverbios no tienen una correlación, pero podemos agruparlos de la siguiente manera:

La relación del hombre con Dios:

Confianza: Pr. 22:19.
Humildad: Pr. 3:34.

Temor a Dios: Pr. 1:7.
Justicia: Pr. 10:25.
Pecado: Pr. 28:13.
Obediencia: Pr. 6:23.
Recompensas: Pr. 12:28.
Pruebas: Pr. 17:3.
Bendición: Pr. 10:22.
Muerte: Pr. 15:11.

La relación del hombre consigo mismo:

Identidad: Pr. 20:11.
Sabiduría: Pr. 1:5.
Insensatez: Pr. 26:10- 11.
Conversación: Pr. 18:21.
Dominio propio: Pr. 6:9-11.
Bondad: Pr. 3:3.
Riqueza: Pr. 11:4.
Orgullo: Pr. 27:1.
Enojo: Pr. 29:11.
Pereza: Pr. 13:4.

La relación del hombre con otros:

Amor: Pr.8:17.
Amigos: Pr. 17:17.
Enemigos: Pr. 19:27.
Veracidad: Pr. 23:23.
Chisme: Pr. 20:19.
Como padre: Pr. 20:7; 31:2-9.
Como madre: Pr. 31:10-31.
Como hijos: Pr.3:1-3.
Al educar: Pr. 4:1-4.
Al disciplinar: Pr. 22:6.

Remedio para nuestras relaciones

En una pizarra, pared o hasta en el piso, divide las tres categorías de proverbios. Imprime los versículos con sus citas en hojas separadas, una para cada equipo. Ver el cuadro completo con las respuestas correctas en **www.e625.com/lecciones**

Divide al grupo de la siguiente manera: con anterioridad corta cuadrados de papel, o cualquier otra forma, de tres (o más) colores diferentes y antes de que lleguen al salón pégalos debajo de cada silla. Pide a tus jóvenes que se sienten todos en alguna silla y luego hazles mirar debajo para ver de qué color es el papel que está allí pegado. Luego deben juntarse con los del mismo color formando tres equipos (o más).

Esto será una carrera. Entrégales o muéstrales el cuadro solo con los nombres de las tres categorías, necesitarás uno para cada grupo y todos los versículos con sus citas. A la señal deben leerlos y calificar los versículos según su interpretación si se trata de un proverbio que habla de la relación de Dios con el hombre, del hombre consigo mismo o del hombre con otras personas (ver el ejemplo). Tienen que tratar de colocar la mayor cantidad de versículos en la columna correcta, el que más logre acertar es el ganador (puedes usar un reloj y hacerlo por tiempo). El que primero lo entrega tiene 10 puntos y luego 1 punto por cada respuesta correcta.

Nota: la palabra "hombre" es una palabra genérica para "humano".
Ejemplo:

Hombre con Dios	Hombre consigo mismo	Hombre con otros
Pr. 3:34 El Señor se burla de los burladores, pero ayuda a los humildes.	Pr. 20:11 Por sus acciones el niño revela si su conducta será pura y recta.	Pr 17:17 El verdadero amigo siempre ama, y en tiempos de necesidad es como un hermano.

Preguntas de rigor

1- ¿De qué se tratan los versículos de la primera categoría? ¿Por qué decimos que tienen que ver con nuestra relación con Dios?
2- ¿Por qué podemos calificar los versículos de la columna 2 como consejos para nosotros mismos? ¿Cómo nos ayudan éstos a ser mejores?
3- ¿Por qué decimos que estos proverbios son para las relaciones interpersonales? ¿Por qué estos consejos nos pueden ayudar con nuestras relaciones?

Los refranes siempre han ocupado un espacio en la historia de la humanidad porque son dichos que se pueden recordar y a su vez van cargados de sabiduría. Todos los proverbios son excelentes para memorizar y repetir cada día. Al fin y al cabo, fueron creados por la persona más sabia del mundo del cual la Biblia dice: "Te daré una sabiduría como la que nadie ha tenido antes ni tendrá después". 13 (1 Reyes 3:12).

Conclusiones (5’)

A cualquier persona sensata le gustaría ser considerada sabia.

El temor al Señor no es tenerle miedo sino darle el mismo lugar en nuestro corazón que ya tiene en el universo. Lo más sabio es escucharlo porque podemos tener la certeza de que tiene la verdad y las claves para una vida inteligente.

Dios es la fuente de toda la sabiduría y Él mismo brinda la clave para obtenerla. Dios invita a sus hijos a que seamos inteligentes y podamos pensar por nosotros mismos.

El objetivo final de proverbios es elegir bien y vivir así una vida en plenitud.

Para terminar con un consejo final lee Proverbios 3:1-8 y cierra en oración.

Entrega a cada participante una copia de Lecturas de Proverbios descargable en www.e625.com/lecciones

Lección 13 › ECLESIASTÉS Y CANTARES

Hoy analizaremos otros dos libros de Salomón. El título Eclesiastés deriva de la palabra griega "ekklesia", traducida "asamblea" o "congregación" y hace referencia al pueblo. En hebreo el nombre es "Qohelet" que se traduce literalmente como "el que colecciona", "dichos sabios" o "quien se dirige a la asamblea" y de aquí el nombre "el predicador" o "el maestro" que puedes encontrar en algunas traducciones de la Biblia.

Junto con Rut, Cantares, Ester y Lamentaciones; este libro es parte de los libros denominados Migillot, "cinco rollos" que eran leídos en cinco casos especiales. Eclesiastés era leído en Pentecostés y Salomón probablemente lo escribió en sus últimos años.

La palabra clave de este libro es "vanidad". El propósito de este libro es advertir a las nuevas generaciones que no cometan los mismos errores que Salomón cometió, quien siendo el hombre más sabio del mundo desperdició la bendición de Dios por un placer personal, en lugar de honrar a quien lo había bendecido con sabiduría. De la gloria a la deshonra por vanidad. Esta palabra "vanidad" es usada treinta y siete veces en el libro, expresando así que las metas y ambiciones terrenales son intrascendentes. Salomón nos enseña con su experiencia que la única vida de satisfacción es la que es vivida reconociendo la soberanía de Dios y sirviéndolo a Él. Afirma que el bien más elevado se encuentra en obedecer a Dios y en el goce pleno de la vida en Él.

A Cantar de los Cantares también se lo conoce como "El canto de Salomón" indicando que esta canción o canto es la mejor entre las mil cinco obras musicales de Salomón. Los judíos leían este rollo en la Pascua, llamándolo "lugar santísimo".

Cantares exalta la pureza del afecto y romance matrimonial. Los temas principales en este libro son: el amor de Dios expresándose en el amor entre el hombre y la mujer y la gracia de Dios a través del matrimonio.

Preguntas de introducción al tema (10')

Luego de una breve introducción explicando en tus palabras lo que acabamos de explicar, puedes compartir estas preguntas para activar la conversación:

1- ¿Consideras más importante el dinero, el amor de las personas, o tener un talento que te destaque? ¿Por qué?

2- Si pudieras elegir ser un genio en alguna materia o ciencia, ¿cuál sería? ¿Por qué?
3- ¿Qué harías si tuvieras acceso a toda la plata que te puedas imaginar?

Todas las personas tienen como fin superior el ser feliz. Todos desean ser felices y trabajan duro para serlo, según lo que ellos interpretan que es ser feliz. Algunos piensan que tener mucho dinero les dará la felicidad, otros piensan que ser muy importante o haber alcanzado logros únicos los hará felices, otros piensan que tener una familia grande les dará la felicidad, o muchos amigos, ser famosos, etc. Pero la verdad es que hay innumerables casos de personas que han ganado la lotería y han terminado mucho peor de lo que estaban antes de haberla ganado. Artistas que parecían tenerlo todo han terminado quitándose la vida a propósito o por error al tomar pastillas para la depresión de manera equivocada. Suplir lo que más nos falta ahora no es la meta final de la felicidad, sino el darnos cuenta de que necesitamos algo más. De esto se trata el libro de Eclesiastés y de Cantares, de las cosas verdaderamente importantes en la vida, de los anhelos en nuestro corazón, y de alcanzar el propósito de Dios al habernos creado y así ser felices.

Desarrollo (35')

Podemos estructurar el libro de Eclesiastés de la siguiente manera:

1- Introducción: 1:1-3.
2 - Demostración del tema: 1:4-2:17
- Por la vida en general: 1:4-11.
- Por el conocimiento: 1:12-18.
- Por el placer: 2:1-11.
- Por sabiduría e insensatez: 2:12-17.

3 - Investigación de trabajo y recompensa: 2:18-6:9
- Por la actividad humana: 2:18-26.
- Por el tiempo: 3:1-4:6.
- Por vana acumulación: 4:7-16.
- Todo puede perderse: 5:1-6:9.

4 - Conclusiones de Salomón: 6:10-8:17.
- Por no saber: 6:10-12.
- La prosperidad y la adversidad: 7:1-14.
- Justicia e impiedad: 7:15-24.
- Las mujeres y la insensatez: 7:25-29.
- El hombre sabio y el rey: 8:1-17.

5 -Palabras de consejo: 9:1-12:14.
- La sabiduría y la necedad: 9:1-10:15

- El gobierno de los reyes: 10:16-20.
- Excesiva prudencia: 11:1-8
- Gozar la vida: 11:9-12:8.
- Consejo final: 12:9-14.

Y a Cantar de los Cantares de la manera siguiente:

1 - El cortejo: 1:2-3:5.
2 - La boda: 3:6-5:1.
3 - El matrimonio: 5:2-8:14.

Eclesiastés y Cantares tienen el mismo autor que escribió el libro de Proverbios. Si recuerdas las lecciones anteriores, Salomón fue el rey y el hombre más sabio del mundo y el libro de Eclesiastés es como un diario íntimo donde Salomón cuenta sus más profundos sentimientos luego de ya tenerlo prácticamente todo. Ha estudiado tanto, ha logrado tantas cosas, ha vivido todo lo que ha podido vivir, ha recorrido lugares, pero nada de eso tiene ya sentido para él. Siente que todo es absurdo y que nada que este mundo tiene valor o sentido si no se disfruta bajo el plan por el cual Dios lo creó.

Obra de arte con sabiduría

Divide a tu grupo en cuatro grupos pequeños. Si necesitas dividirlos en más grupos puedes repetir las tarjetas que se mencionan más adelante. Puedes dividirlos de la siguiente manera: mete en una bolsa lápices de colores que se repitan en números iguales según la cantidad de alumnos que tengas. Si no tienes lápices de colores puedes hacerlo con popotes (bombillitas, sorbetes, pajillas) que sean de colores. Deben juntarse por color.

Entrega a cada equipo una cartulina o tira bien larga de papel blanco y toda clase de elementos de dibujo como lápices de colores, pinturas, pinceles, crayones, marcadores, todo lo que puedas conseguir (sé que a veces es difícil contar con estos elementos, pero siempre hay padres dispuestos a colaborar, familias con niños que descartaron este material, escuelas que no lo necesitan, etc.).

Entonces entrega a tus alumnos una de las tarjetas que vas a encontrar en www.e625.com/lecciones con el nombre de esta actividad.

Pídeles que hagan una obra de arte que represente esa lectura. Luego deberán explicársela a sus compañeros. Diles que no necesita ser un solo dibujo, ni un solo concepto. Pueden dibujar partes, pueden hacerlo en conjunto, pueden hacerlo separado, pero deben tratar de representar en ese papel tanto como puedan.

Eclesiastés conlleva advertencias de Salomón, así como si un padre, un abuelo o quizás un hermano mayor nos previenen de no poner nuestro corazón y energías en las cosas que pasan, que no duran, que pierden su sabor o que no llevan a nada mejor. Nos enseña que cada cosa tiene su tiempo, que no vale la pena afanarse, que acaparar sin compartir no tiene recompensa y que el carácter o el ser interior, es más importante que cualquier cosa que podamos encontrar en la tierra.

También nos deja uno de los mejores consejos para los jóvenes: Leer Eclesiastés 11:9-12:8 ¿Por qué alguien que ha vivido todo y ha experimentado los mejores placeres nos recomendará esto? Deja que compartan.

Amor profundo

Además del libro de Eclesiastés, Salomón escribió otra obra de arte: poesías acerca del amor perfecto. Como una obra de arte relata una escena de pasión entre dos enamorados antes de casarse y después de casarse y, aunque hay algunas descripciones un poco personales, Salomón compara esta historia de amor con el amor de Dios hacia su iglesia, un amor profundo, verdadero y puro.

Dios ES amor y una de las maneras de expresar el amor de una pareja es el amor romántico, donde la atracción y la pasión son clave. Dios hizo esto también y Él puso en nosotros como humanos todos esos sentimientos. Dios sabe lo que sentimos y ha establecido el tiempo y la persona indicada para ello. Por eso es importante primero entender la nueva escala de valores que Salomón nos enseña en Eclesiastés, entender qué es verdaderamente importante para poder así disfrutar plena y puramente un amor verdadero, como el de Dios por nosotros.

Piropos propios

¿Qué piropos conocen de la calle? ¿Cómo te hacen sentir?
Piensa en algunos piropos populares de tu ciudad para repetirlos si tus alumnos no se acuerdan o no saben ninguno.

Divide al grupo en niñas por un lado y varones por el otro y nombra a uno de cada grupo el guía o líder para esta actividad.

Que la líder divida estos pasajes entre las chicas, que en grupo lean:
Cantares 1:15; 2:14-15; 4:1-15; 6:2-4; 7:1-9

Que el líder divide los siguientes versículos entre los varones:
Cantares 1:12-14; 2:3-6; 5:10-16; 7:10-13; 8:6-7

¿En qué se parecen estos versos de amor a los versos que escuchamos hoy?
¿Cómo se siente el uno y el otro?
¿Qué parte te llamó más la atención y por qué?

Conclusiones (10')

Dios no quiere que vivamos para acumular cosas. Todo lo hizo pensando en nuestro beneficio, pero todo tiene su lugar. Sus consejos son de bien y quienes le obedecen prosperan.

Él es nuestro creador, formó nuestro cuerpo y nuestros sentimientos y quiere que nos vaya bien tanto en el trabajo como en el amor. En otras palabras, quiere que seamos sabios en la arena pública y la privada, en la asamblea (Eclesiastés) o en el hogar (Cantares).

Satanás es el padre de mentira y quiere arruinar nuestra vida tanto en la arena de lo público como de lo privado y por eso es bueno analizar el mensaje de Eclesiastés y el de Cantares. Una persona sabia aprender a diferenciar la vanidad de lo que es sensato y también aprende a practicar el amor en lo privado.

Así como Eclesiastés nos enseñar a diferenciar lo importante de lo superficial, Cantar de los cantares refleja el carácter de Dios porque, así como el esposo ideal ama a la esposa, Dios es fiel (8:5), Dios es amoroso (8:6), y Dios es puro (3:5; 4:1,16).

Que los consejos de Salomón se graben en nuestro corazón como tatuaje para que podamos disfrutar de esa vida abundante.

Entrega a cada participante una copia de Lecturas de Eclesiastés y Cantares descargable en www.e625.com/lecciones

Lección 14 > ABDÍAS Y JOEL

Abdías significa "siervo de Jehová". La profecía de Abdías alude a la situación histórica en la que los edomitas se alían con los enemigos de Israel y participan en el saqueo de Jerusalén. En Génesis 25:19-27:41 se cuenta la historia de los mellizos Jacob y Esaú. Jacob le cambió la primogenitura a Esaú (aunque eran mellizos, nació primero) por un plato de lentejas. Así Jacob se quedó con la mejor bendición y herencia de su padre. De Jacob nace el pueblo de Israel y de Esaú nace el pueblo de Edom. Esaú perdonó luego a Jacob, pero Edom siempre estuvo en guerra con Israel. Mientras que Dios le dice a Israel que nunca debe devolverle mal por mal porque es su familia, Edom aprovecha cada oportunidad que se le cruza para aliarse con algún enemigo de Israel y saquear sus ciudades. A Dios no le agrada esto y cae su juicio sobre Edom y, como lo predice Abdías en los versículos 10 y 18, el pueblo de Edom desaparece de la faz de la tierra.

El profeta Joel centra su mensaje en Judea y Jerusalén. Su nombre significa "Jehová es Dios". Aunque el profeta demuestra conocer en detalle el templo y sus usos, no era levita sino de la tribu de Rubén. Joel 3:4-6, 19 se refiere a los mismos eventos que están descritos en el libro de Abdías. El profeta Joel compara el sufrimiento que padecen por una invasión de langostas que hay en ese momento con la figura de un ejército, sugiriendo que era un presagio de "El día de Jehová": período general de la ira y el juicio del Señor, el día que Dios revela su carácter. Llama a todos al arrepentimiento prometiendo que si son fieles la tierra será restaurada. La actitud del corazón y la vida de un hombre ante el Señor determinará su reacción en el día de Su juicio. Los que invoquen el nombre del Señor serán salvos.

Preguntas de introducción al tema (10')

Luego de una breve introducción explicando en tus palabras lo que acabas de leer, puedes compartir estas preguntas para activar la conversación:

1. ¿Cuáles son las injusticias sociales que más te molestan?
2. ¿Cuál sería el castigo que le pondrías a alguien que comete esa injusticia?
3. ¿Cómo compensarías a una víctima de la injusticia?

Los libros que veremos hoy tratan de las profecías que Joel y Abdías anunciaban de parte del Señor con respecto a una injusticia. En sus profecías el Señor se enoja, desprotege a Israel por haberse alejado de Él, pero al volverse a Dios, Él castigará a quién está haciéndole daño a Israel.

Dios protege y luego resarce a las víctimas, tal y cual lo haríamos nosotros y todo buen héroe de película.

Desarrollo (30')

Estructura del libro más corto de la Biblia:

Juicio de Dios a Edom: 1: 1-14
Juicio contra todas las naciones: 1:15-16
Restauración de Israel: 1:17-21

Estructura del libro de Joel:

1- El día del Señor: 1:2-2:17
    La invasión de langostas: 1:2-12
    Primer llamado al arrepentimiento: 1:13-20
    Segundo llamado al arrepentimiento: 2:12-17
2- Evitar el juicio y recibir las bendiciones: 2:18-3:21
    Introducción: 2:18-21
    Restauración material: 2:21-27
    Restauración espiritual: 2:28-32
    El juicio venidero: 3:1-16
    Restauración Nacional: 3:17-21

Imágenes para borrar

Busca imágenes de injusticia social: niños en extrema pobreza, mujeres golpeadas, personas durmiendo en la calle, racismo, policías peleando contra civiles, ancianos abandonados, madres con pequeños pidiendo en las calles, gente revolviendo la basura para comer, hombres haciendo filas para conseguir trabajo, etc. Imprímelas y preséntalas a tus jóvenes y hazles estas preguntas:

¿Cuál de estas imágenes les impactan más y por qué?
¿Qué creen que se puede hacer al respecto?
¿Has visto o vivido esto alguna vez?
¿Qué podemos hacer al respeto?

Repaso de los libros

Los profetas eran personas que comunicaban mensajes que venían directamente de Dios para su pueblo. La mayoría de las veces no eran buenas noticias, pero el propósito de Dios con sus mensajes era restaurar la relación con su pueblo, hacer las paces y ser felices el uno con el otro.

El libro de Joel compara primeramente una devastación que habían sufrido por el ataque de una plaga de langostas con un ejército que caería sobre Israel (cap. 1). Entonces los llama a invocar al Señor y les dice cuán terrible será la devastación sin Dios (cap. 2). El Señor les promete mucha más bendición cuando se vuelvan a Él de todo corazón.

En el capítulo 3 les promete que cuando el día de la restauración llegue, los enemigos que los atacaron y devastaron serán juzgados por el Señor; el juicio caerá con la promesa divina de que la nación de Israel nunca más será invadida por extranjeros. En los versículos 4 al 6 de este capítulo, Joel habla justamente de lo mismo que trata TODO el libro: la visión de Abdías. En Génesis 25:19-27:41 se nos cuenta la historia de los mellizos Jacob y Esaú. Jacob le cambió la primogenitura a Esaú por un plato de lentejas (aunque eran mellizos, Esaú nació primero).

De esta forma Jacob se quedó con la mejor bendición y herencia de su padre. De Jacob nace la nación de Israel y de Esaú nace la nación de Edom. Aunque Esaú perdonó a Jacob (Gn.33), Edom siempre estuvo en guerra con Israel. Dios le dice a Israel que nunca debe devolverle mal por mal a Edom porque es su familia, pero Edom aprovecha cada oportunidad que se le cruza para aliarse con algún enemigo de Israel y saquear sus ciudades.

Joel 3:5 afirma, *"Han tomado mi plata, mi oro y todos mis tesoros preciosos, y los han llevado a sus templos paganos". A Dios no le agradó esto y trae su juicio sobre Edom. Joel 3.19 dice, "Egipto y Edom serán destruidos porque atacaron con violencia a la gente de Judá y mataron a gente inocente"*, y como lo predice Abdías en los versículos 10 y 18, la nación de Edom desaparece de la faz de la tierra.

En Joel 3:21 dice de Dios: *"¿Perdonaré la sangre que derramaron? ¡Claro que no la perdonaré!"* y desata su enojo contra Edom y otros pueblos.

Dios no dejó así nomás a quienes habían sufrido la devastación del ataque de otros ejércitos. Además de darle su merecido a quienes los atacaron y robaron, también recompensa y restaura a quienes fueron víctimas del ataque y fueron llevados como esclavos y les devuelve sus tierras y riquezas. Ver Abdías v 19-21 y Joel 3:18.

El Señor está atento a quienes lo aman de corazón y se entregan a Él y lo adoptan como Señor. Él quiere ser nuestro justiciero, quiere ser nuestro refugio y quiere llenarnos de bendición. Amarlo significa seguirlo, seguirlo significa obedecerlo, y obedecerlo significa permanecer bajo su protección porque sus mandamientos son de amor.

El que ama no daña, sino que corrige para bendecirnos; así quiere ser Dios con nosotros. *"El SEÑOR ruge como si fuera un león desde Sion, desde Jerusalén lanza su grito, y la tierra y el cielo comienzan a temblar. ¡Pero el SEÑOR protegerá a su pueblo, será un refugio seguro para Israel! Entonces se convencerán, por fin, que yo soy el SEÑOR su Dios, y que habito en Sión, mi santo monte. Jerusalén será santa, y nunca más los extranjeros la volverán a invadir".* Joel 3:16-17.

Conclusiones (10')

Entrega papel y lápiz a tus jóvenes y dales un tiempo para escribir alguna situación en la que se les trató injustamente o en la que fueron víctimas de algo que ellos no pudieron controlar.

Diles que si desean pueden entregárselo a una persona de confianza del grupo y cuando termina la reunión o pueden romperlo al terminar la reunión.

Cierra afirmando que Dios es justo, que Dios los ama, que los defenderá como defendió a Israel y que ellos pueden ser parte de la misión de representar a este Dios justo en la vida de otras personas.

Cierra con una oración proclamando la victoria sobre las injusticias y pidiéndole a Dios sabiduría y valentía como la de los profetas para hablar de esas injusticias y hacer algo al respecto.

Entrega a cada participante una copia de Lecturas de Abdías y Joel descargable en www.e625.com/lecciones

Lección 15 > AMÓS Y MIQUEAS

Amos quiere decir "llevador de cargas" y este profeta era recolector de higos. El profeta Amós, como Oseas (Os. 1:1), fue llamado a dar su mensaje a las tribus del norte de Israel durante un tiempo de corrupción moral. Amós habla de dos temas principalmente: la ausencia de verdadera adoración a Dios y la falta de justicia. Así como Oseas, Amós resalta la infidelidad del pueblo de Israel. Presenta una serie de juicios de Dios en contra de las naciones, condenación y luego restauración. Estudiaremos solo el libro de Amós.

Miqueas es un juego de palabras que significa "¿Quién es un Dios como tú?". Miqueas fue un profeta contemporáneo de Isaías y así como el de él, su mensaje era para Judá. Mientras Isaías profetizaba en los castillos, porque tenía fácil acceso al rey, Miqueas profetizó en las afueras de Jerusalén, en la frontera de Judá con Filistea, cerca de Gat. Como el profeta Amós, él vivía en un área agrícola y rural, lejos de la política y la religión. Miqueas condenaba las injusticias sociales y la corrupción religiosa, los mismos temas que Amós habló a Israel algunos años atrás.
Cuando Samaria cayó, miles de refugiados fueron a Judá trayendo sus dioses y rituales, provocando una desintegración de los valores morales personales y sociales a lo cual Miqueas se abocó incisivamente.

En esta lección estudiaremos al profeta Amós dirigiendo sus mensajes al reino del norte, Israel, y al profeta Miqueas dirigiéndose con el mismo mensaje a la región del sur, al reino de Judá, unos años después.

Preguntas de introducción al tema (10')

Luego de una breve introducción explicando en tus palabras lo que acabas de leer, puedes compartir estas preguntas para activar la conversación:

1 -¿Cuál es tu pasatiempo favorito cuando estás solo/a?
2 - ¿Qué cosas son divertidas sólo si se hacen entre muchos amigos?
3 - ¿Alguna vez has hecho algo que jamás hubieras pensado que llegarías a hacer, sólo por estar con un grupo de amigos?

Muchas veces hacemos cosas verdaderamente torpes y sin pensar las consecuencias cuando nos mezclamos con las personas incorrectas. No es raro que una buena persona llegue a meterse en problemas por no quedar mal con supuestos amigos que parecieran pasarla muy bien haciendo maldades o burlándose de otros. Este no es tema ajeno en la Biblia. Miqueas estaba profetizando contra los habitantes de Judea. El pueblo de Dios se había mezclado con gente de los pueblos vecinos y habían adoptado muchas de sus costumbres, rituales espirituales y dioses. Dios está previniendo todo esto. Amós también los previene por haberse alejado de Dios, por haber fabricado dioses falsos y amar el mal.

Desarrollo (30')

El libro de Amós se puede estructurar de la siguiente manera:

1. Juicio contra las naciones: 1:1-2:16
2. Condenación contra Israel: 3:1-6:14
3. Visiones de Juicio y Restauración: 7:1-9.15

Y el libro de Miqueas se puede estructurar de la siguiente manera:

1. Dios Juzga a Israel y Judá y promete libertad: 1:1-2:13
2. Dios Juzga a los gobernantes y promete libertad: 3:1-5:15
3. Dios Juzga y redime: 6:1-7:14

Algunos problemas en Israel y Judá

Que algunos de tus adolescentes lean en voz alta los siguientes versículos y luego pregunta: ¿cuáles son los problemas o pecados del pueblo? ¿De que los acusa el profeta?

Amós 4:1
Amós 5:10-12
Miqueas 2:1-2
Miqueas 3:9-11

Opresión a los desvalidos, maltrato a los necesitados, injusticia, mentirosos, imponen impuestos, soborno, venden menos por más precio, engañan a la gente, hacen planes malvados, suben las rentas de las casas, violencia, etc.
El pueblo de Dios, tanto Israel como Judá, estaban pasando un mal momento; ambos se habían alejado de Dios y como consecuencia estaban haciendo cosas horribles contra los más necesitados.

A veces al juntarnos con las personas equivocadas hacemos cosas que sabemos que no deberíamos hacer, cometemos injusticias, burlas o maldades olvidándonos quiénes somos y quién es nuestro Dios.

Escribe en un papel en blanco si viene a tu mente una situación en la que estabas envuelto, a medida que vayamos leyendo la siguiente lista. (Mientras tus alumnos escriben, encomienda al Señor este momento y pídele que les revele con claridad lo que han hecho por presión del grupo).

Puede ser que haya sido ofender a alguien, un acto de vandalismo como robar, romper la propiedad de alguien, o podría ser ver pornografía, horror y violencia, consumo de drogas, alcohol, tabaco y otros adictivos.

Comienza leyendo esta lista mientras tus alumnos escuchan...

. Si alguna vez has actuado injustamente contra alguien, te has burlado de su condición inferior, has maltratado a un compañero o hermano, si te olvidaste de quién eres y ofendiste al Señor, díselo a Él.

. Si alguna vez hiciste algo porque tus amigos lo hacían, porque lo miraban, porque lo usaban, aunque sabías no van con tus reglas morales, este es el espacio para confesarlo.

. Si alguna vez robaste, rompiste algo ajeno a propósito, si engañaste a alguien por quedar bien con tus amigos o por ganar el favor de alguien, aquí puedes escribirlo.

. Si adoptaste una manera de vestir, hablar y comportarte solo porque los demás lo hacen, pero sabes que no pega con tus valores morales y deshonra a Dios, aquí puedes escoger entregarle eso al Señor.

. Si alguna vez te cortaste, te lastimaste o hiciste algo contra tu cuerpo por sentirte incluido/a en un grupo, puedes confesarlo aquí, en este papel.

. Si alguna vez participaste de juegos inapropiados, sexuales o demoníacos, si hiciste juramentos y promesas que solo deberían ser hechos a Dios, aquí puedes escribirlo como una confesión al Señor.

Pregunta si alguien quiere compartir su experiencia, todos deben escuchar con respeto. Si así sucede, luego inmediatamente ora por tu alumno/a.

Cuando terminen de escribir...
Dios conoce todo esto que escribimos en este papel. Él lo sabe todo y de Él no podemos escapar. Él conoce nuestros sentimientos también y sabe por qué lo hicimos. Pero Él no nos persigue por nuestros errores, sino por su amor. Dios escogió amarnos y esperar a que nos diéramos cuenta de nuestro error que, sea pequeño o grande, todos necesitamos confesarle porque ese "secreto" nos mantiene apartados de Él.

Miqueas 7:18 dice: "*¿Dónde hay otro Dios como tú, que perdona los pecados de los que aún quedan de su pueblo? Pues tú no retienes para siempre el enojo contra tu pueblo, porque amas la misericordia y el perdón más que la cólera y el castigo*".
El mayor placer de Dios es amar.

Conclusiones (10')

Pídeles que escuchen la lectura de los siguientes dos pasajes y luego respondan entre todos, la guía del maestro que debes descargar en **www.e625.com/lecciones**

Amos 5:14-15 "*¡Hagan lo bueno y no lo malo, para que vivan! Sólo así el SEÑOR, Dios todopoderoso, verdaderamente será su ayudador, como ustedes lo han afirmado. Odien el mal y amen el bien…*".

Miqueas 6:8 "*Ya el SEÑOR les ha dicho qué es lo que él espera que ustedes hagan. Ya él les ha enseñado lo que es bueno y espera que ustedes hagan. Lo que el SEÑOR les pide es que practiquen la justicia, que sean misericordiosos y que vivan siguiendo fielmente sus instrucciones*".

Cierra dando gracias por el perdón de Dios.

Entrega a cada participante una copia de Lecturas de Amós y Miqueas descargable en: www.e625.com/lecciones

Lección 16 > ISAÍAS

El nombre Isaías significa, "Jehová es salvación" y él fue el profeta a cargo durante el reinado de cuatro monarcas de Judá: Uzías, Jotam, Acaz y Ezequías.

Isaías pertenecía a una familia de influencia con acceso al rey. Fue criado en Jerusalén y tenía conocimiento de política y religión, lo que lo distinguía de los demás profetas que eran hombres más simples.

Históricamente Isaías fue comparado con grandes pensadores no solo por su mensaje sino por lo extraordinario de la manera en que escribía. El enfoque de su mensaje tuvo su foco en Judá. Condenó la idolatría y, aunque su mensaje fue de advertencia, también profetizó esperanza más que cualquier otro profeta. Isaías provee información acerca del futuro de Israel en la tierra, es el profeta más mencionado en el Nuevo Testamento y su palabra tiene gran peso por la gran cantidad de profecías cumplidas.

Isaías es también conocido como "el profeta evangélico", habló mucho de la gracia de Dios, especialmente en los últimos veintisiete capítulos. El capítulo 53 es el central haciendo un retrato de Cristo como el Cordero inmolado de Dios. Pero en esta lección vamos a destacar uno de sus temas centrales que es la santidad vista en el capítulo 6 de Isaías.

Preguntas de introducción al tema (10')

Luego de una breve introducción explicando en tus palabras lo que acabas de leer, puedes compartir estas preguntas para activar la conversación

1- ¿Quién es Dios para ti?
2- ¿De qué maneras servimos al Señor?
3- ¿Quiénes son las personas que más conocen a Dios?

Muchas veces tenemos prejuicios en cuanto a quién es Dios; creemos que debemos saber la respuesta adecuada, pero Dios no es igual para todos. También nos limitamos a creer que ciertos roles dentro de la Iglesia son los trabajos de servicio al Señor y definitivamente creemos que los que más conocen de Dios son aquellos que enseñan o hablan de parte de Dios. En el libro de Isaías hay cantidad de profecías de parte de Dios hacia varios pueblos, no solo Israel y Judá; hay promesas, condenación y restauración. Pero el capítulo 6 es muy interesante, ahí descubriremos a Isaías mostrando a Dios de una manera nueva e increíble.

Desarrollo (35')

Al libro de Isaías lo podemos estructurar de la siguiente manera:

1- El juicio 1:1-35:10
  - a- Judá y Jerusalén: 1:1-12:6
  - b- Juicio a las naciones: 13:1-23:18
  - c- Redención de Israel: 24:1-27:13
    - 1- Devastación de la tierra: 24:1-23
    - 2- Cantos de gratitud: 25:1-26:19
    - 3- Disciplina de Israel: 26:20-27:13
    - 4- Advertencias contra Egipto: 28:1-35:10

2- Relato histórico: 36:1-39:8
  - a- Senaquerib: 36:1-37:38
  - b- Ezequías: 38:1-22
  - c- Babilonios: 39:1-8

3- Salvación: 40:1-66:24
  - a- Liberación del cautiverio: 40:1-48:22
  - b- Sufrimientos del Siervo: 49:1-57:21
  - c- Gloria futura de Sión: 58:1-66:24

Conociendo lo viejo

Busca objetos de todos los días como utensilios de cocina, objetos de oficina, cosas que se pueden encontrar en un baño, etc. Pídeles a varios miembros del grupo que deseen participar que pasen al frente, tápales los ojos y pásale de estos objetos para que adivinen qué son. Para hacerlo más interesante pon el cronómetro en 1 minuto y veamos cuántas cosas pueden acertar. El jugador que más aciertos tenga será el ganador.

Lo que es tan simple sin vista se hace complicado y hasta se transforman en objetos extraños. La mayoría de nosotros estamos tan acostumbrados a ver las cosas de todos los días que no prestamos atención, pero cuando las manipulamos de una manera diferente entonces toman otro sentido.

Ideas principales

Isaías pasó por una experiencia parecida. Isaías llevaba la palabra de condenación a los reyes y príncipes de los diferentes reinados, luchó contra la hipocresía, la injusticia y la opresión y por eso se jugaba la vida constantemente. Él sabía lo que era no ser popular y todas las consecuencias que significaba comunicarle a estas personas poderosas la verdad de Dios. Isaías conocía a Dios y escuchaba su voz y la obedecía, pero en el capítulo 6 podemos ver que aún Isaías tuvo que aprender a conocer a Dios, y aunque lo había servido muchas veces todavía el Señor tenía mucho que mostrarle.

Lee con atención Isaías 6:1-8. A pesar de que era profeta, recién en el capítulo 6 es como si lo hubiera redescubierto. ¿Qué cosas podemos destacar de la lectura?

Ve escribiendo en una pizarra o lugar visible las pistas:

1- **Señor excelso y sublime:** originalmente dice YHVH. Aquí lo llama así para no pronunciar el nombre de Dios, por reverencia. YHVH significa "Dios es", entonces da a entender que está viendo al que es Dios, está destacando su grandeza.

2- **Los serafines:** indican pureza, pero no lo suficiente como para ver la gloria de Dios, por lo que se cubren en la presencia de Dios.

3- **Cantan:** "Santo, Santo, Santo", tres veces santo, es decir que es infinitamente santo. Por esta santidad es que todo tiembla, porque reconocen la infinita santidad de Dios.

4- Isaías se muere de **miedo**. Sabe que en la presencia del Santo él es nada. Aunque él era un profeta reconocido de quien se cumplen la mayor cantidad de profecías en toda la Biblia, aun así, en contraste con Dios es impuro.

5- Uno de los serafines vuela hacia Isaías y **purifica sus labios**. Lo declara sin pecado, lo hace santo. ¿Te suena conocido? Todos somos santos por el perdón de nuestros pecados y es entonces que tenemos acceso a la presencia de Dios. Pero primeramente necesitamos declararnos impuros.

6- "**¿A quién enviaré?** ¿Quién irá por nosotros?" ¿Acaso no estaba Isaías ya al servicio del Señor? Lo que esta pregunta nos hace pensar es que muchas veces estamos conformes con nuestro rol, y creemos que estamos haciendo un buen trabajo. Pero es necesario estar en comunión con Dios para conocer sus planes y definitivamente será mejor de lo que ya pensamos.

7- Aquí estoy **envíame a mí.** Isaías no duda, desea ser alguien que marca la diferencia. ¿Podríamos escapar a semejante invitación?

Entrégale a cada alumno una hoja de trabajo: "Entre Dios y yo" que lo puedes descargar en **www.e625.com/lecciones.** Dales unos minutos para responder por escrito o puedes hacer que las respondan en parejas o grupos de 3-4 personas.

Conclusiones (10')

Dios siempre tiene un mejor plan que el que nosotros creemos tener.

Cuando nos encontramos en su presencia y Él se revela a nosotros como "el que es" en su sublime esencia y en su infinita santidad, no nos queda más que reconocer quiénes somos para Él. Y no importa si somos un joven tratando de encontrar el camino en la vida o el profeta más reconocido de la Biblia, el pastor con la Iglesia más grande o una persona que pocos conocen. Dios es Dios y es infinitamente santo y ante esta santidad todos somos pecadores y hasta que no reconozcamos nuestra condición delante de Él, no puede santificarnos.

Dios quiere hacernos santos no para que "nos portemos bien," o que piensen que somos buenas personas, sino para poder disfrutar su presencia y para que Él pueda usarnos con poder. Por eso necesitamos de Jesucristo, quien mediante su muerte nos limpia y santifica para poder relacionarnos con el Padre.

A veces da miedo pensar que Dios tiene un plan para nosotros y quizás por eso se pregunta: "¿A quién enviaré?". Pero si confiamos en sus promesas y en su majestuoso poder entonces Él nos mostrará un futuro al que no podremos más que decir "envíame a mí".

Termina en oración reconociendo que necesitamos ser purificados para disfrutar la presencia de Dios con libertad y que Él pueda comunicarnos su plan para nuestra vida.

Entrega a cada participante una copia de Lecturas de Isaías descargable en www.e625.com/lecciones

Lección 17 > NAHÚM, HABACUC Y SOFONÍAS

La importancia de los profetas no radica en ellos mismos sino en su mensaje, y por eso de algunos de ellos no tenemos mucha información personal, aunque si sabemos su mensaje.

Estos tres profetas se alinean cronológicamente y tienen en común profecías relacionadas con el poder de Asiria y su capital en la gran ciudad de Nínive, la misma ciudad que un siglo antes había sido confrontada por Dios a través de Jonás. Nuevamente se encuentra repleta de maldad. Sus ejércitos sedientos de sangre arrasaron con pueblos enteros y apilaban sus cuerpos como montañas para desplegar un espectáculo de poder.

Preguntas de introducción al tema (10')

Luego de una breve introducción explicando en tus palabras lo que acabamos de explicar, puedes compartir estas preguntas para activar la conversación:

En el trabajo, la universidad, un tío, un líder en la iglesia, quienes están a cargo de un grupo de personas pueden tomar ventajas de su poder o autoridad.

1- ¿Has pasado alguna situación de abuso de autoridad de parte de alguien que está por encima de ti, un profesor, un jefe, un encargado, etc.?
2- ¿Cómo te hizo sentir el no poder defenderte o denunciarlo?
3- ¿Te has vengado de esa injusticia? ¿Alguien te defendió o salió a la luz lo que había pasado?

En algún momento de la vida vamos a experimentar el abuso de autoridad de alguien que está por sobre nosotros, puede despreciarnos, hacernos sentir inferiores o cometer una gran injusticia.

En los tres libros de estos profetas Israel estaba siendo maltratado, les cobraban impuestos, los mataban y esclavizaban. El enemigo era terriblemente cruel. Los asirios que tenían su capital en la ciudad de Nínive no solo mataban a cuanto pueblo se le oponía, sino que alardeaba de su crueldad y mutilaban a sus enemigos haciendo pilas con sus cuerpos o partes de ellos, eran verdaderamente sangrientos y lo disfrutaban. Dios no permitiría que las cosas quedaran así, ya través de estos profetas no solo se profetiza la destrucción de Nínive, sino que podemos ver el proceso de la espera de la justicia de Dios y el desenlace de la victoria.

Desarrollo (30')

Nahúm. Es quien primero predice la caída de Nínive por su maldad y cómo el desborde del río Tigris destruirá las murallas de Nínive. Profetiza además la desaparición de la ciudad (3:11), lo cual sucedió después del ataque babilónico en el 612 a.C. Fue tal la destrucción, que no se encontraron los restos de la ciudad hasta el 1842 d.C.

El bosquejo de temas en Nahúm podría ser:

1- Nínive es juzgada: 1:2-15
2- Nínive es destruida: 2:1-13
3- Nínive y su desgracia: 3:1-19

Pídeles a tus jóvenes que abran sus Biblias en el libro de Nahúm.
¿Cuáles son los títulos de los textos?
Según la versión que utilicen se destacarán diferentes palabras, pero por lo general serán:
Destrucción de Nínive, Liberación, Victoria sobre Nínive, Caída de Nínive, el fin de Nínive, Destrucción total. Dios se ha enojado con la violencia y reprensión de Nínive y tiene un plan. La justicia de Dios es inminente, y aunque Su pueblo está en esta situación por haber sido infiel, Dios siempre es fiel. El pueblo sufre las consecuencias, pero la ayuda celestial está en camino

Reflexión:
¿Has pasado por graves situaciones a consecuencia de una mala decisión?
¿Llegaste a esa decisión con o sin la guía de Dios?
¿Cómo saliste de ella?

Luego ve al libro de Habacuc.

Habacuc comienza con un reclamo a Dios por el tiempo que se está tardando en vengar la injusticia de la violencia de los asirios. Dios le da una visión y le dice que escriba en detalle el fin de Nínive por todos sus pecados y su comportamiento sangriento. Su profecía incluye el ataque de los babilonios para destruir la ciudad.
Al libro de Habacuc podríamos dividirlo de la siguiente manera:
1- Presentación: 1:1
2- Primera queja y primera respuesta: 1:2-11
3- Segunda queja y segunda respuesta: 1:12- 2:20
4- Oración de Habacuc: 3: 1-19

¿Qué recala Habacuc en el capítulo 1:2-4 y 1:14 y 17? ¿Alguna vez te encontraste en esa situación?

¿Qué le responde Dios en el 2:2 y 3?
¿Cómo explicarías Habacuc 3:17-19 con tus propias palabras?

Y en este estudio teneos finalmente al profeta Sofonías:

Sofonías. Profetizó durante el reinado del rey Josías. Luego de que Asiria perdió poder y el control de la región, el dominio de Nínive se debilitó y por primera vez en cincuenta años Judá saborea independencia, al menos por un tiempo. Gracias a la influencia de Sofonías (quien tenía sangre noble) de sus profecías, y de haber encontrado el Libro de la Ley, el rey Josías comienza a hacer lo bueno delante de Dios y trae grandes reformas en el gobierno. Es durante el gobierno de este rey que Sofonías profetizó contra varias naciones y pueblos vecinos de Judá. También afirma la suerte que le correrá a Nínive, así como lo hizo Nahúm y Habacuc.

El bosquejo de Sofonías podría ser:
1- Reflexión: 1:1
2- El juicio del Señor sobre las naciones: 1:2-3:8
3- La bendición del Señor sobre las naciones: 3:9-20

Sofonías solo tenía dieciséis años cuando encontraron el libro de la ley de Dios para su pueblo, y así recupera la fe de su antepasado David. Y con ella inicia una reforma en su cultura, derribando los dioses y santuarios paganos y a los veintitrés renueva el templo de Salomón.
Finalmente, un profeta que es escuchado. Aunque el rey era muy joven el Señor desea usar su poder para restablecer relaciones y completar el juicio de Dios a las naciones que los reprimían.

Lean Sofonías 3:16-20

¿Cuál es la promesa de Dios?
¿Por qué Dios defiende a su Pueblo y hace esas promesas?
¿Cómo te hacen sentir este final?

Conclusiones (10')

El Señor defiende a los suyos.

Dios conoce bien todos nuestros sufrimientos, sabe cuándo pasamos por injusticias y no va a dejar que las cosas queden así. Nahúm 1:7 dice: "El SEÑOR es bueno. Cuando llegan la angustia y la desesperación él es el mejor refugio. Protege a todos los que en él ponen su confianza; él conoce bien a los que le son fieles".

Por la misma razón, es importante ser siempre compasivos con nuestros hermanos, porque Él es Señor de ellos también y es celoso de cada uno de sus hijos. Nadie se burla de Dios y por ende nadie se burla de nosotros porque somos sus hijos. Él es refugio y protector de los que en Él confían y eso significa que nunca debemos ser indiferentes a su voluntad. Debemos tomarlo en cuenta en cada una de nuestras decisiones tanto para no sufrir malas consecuencias como para que nos proteja en las situaciones difíciles.

Cierra en oración agradeciéndole por ser nuestro refugio.

Entrega a cada participante una copia de Lecturas de Nahúm, Habacuc y Sofonías descargable en www.e625.com/lecciones

Lección 18 > EZEQUIEL Y DANIEL

Ezequiel significa "Fortaleza de Dios". Desde muy joven recibió su llamado a profetizar. El mensaje que debía comunicar al pueblo de Israel, cautivos en Babilonia con él, era simple pero terrible. Su tarea era advertir la catástrofe y afirmar que este era el plan de Dios para su pueblo a causa de su propia rebeldía. La ciudad de Jerusalén y el templo de Jehová serían destruidos, pero también Dios perdonaría a quienes se arrepintieran y guardaran sus mandamientos.

Daniel quiere decir "Dios es mi juez". Fue un joven conforme al corazón de Dios ante las presiones y terribles amenazas contra su vida y la de sus amigos. Siempre eligió seguir a Dios. Vivió como israelita cautivo en Babilonia y Dios lo llamó a profetizar las cosas que haría con su pueblo luego de que Jerusalén fuera destruida a causa de la rebeldía de los israelíes. Por las capacidades que Dios le dio, se desempeñó como consejero del rey Nabucodonosor. Vivió en el mismo tiempo que Ezequiel.

Preguntas de introducción al tema (10')

Luego de una breve introducción explicando en tus palabras lo que acabamos de explicar, puedes compartir estas preguntas para activar la conversación:

> 1- Cuando llegas a al trabajo o te sientas en una clase en la universidad, ¿Qué es lo peor que puede pasar?
> 2- ¿Qué frases tus padres (o algún adulto) repiten todo el tiempo como si fueras bebé?
> 3- ¿Qué noticia que te dijeran al despertar te alegraría el resto del día?

Ezequiel y Daniel eran muy jóvenes cuando Dios los llamó para que fueran profetas. Vivieron en el mismo tiempo y lugar, y fueron llevados en cautiverio por el rey de Babilonia junto con muchos israelíes más. Pero ambos tuvieron un papel importante ya que fueron los responsables de comunicar lo que Dios quería: que dejen la conducta de rebeldía, se arrepientan y sepan que Dios quiere lo mejor para ellos. Cada uno tenía un mensaje específico: Ezequiel para el pueblo y Daniel para Nabucodonosor, el rey de Babilonia.

Desarrollo (35')

Podríamos estructurar el libro de Ezequiel de la siguiente manera:
1- Profecías de la ruina de Jerusalén: 1:1-24:27
    a- Llamado de Ezequiel: 1:1-3:27

b- Condena de Jerusalén: 4:1-24:27
2- Profecías contra las naciones: 25:1-32:32
3- Arrepentimiento de Israel: 33:1-33
4- Restauración de Israel: 34:1-48:35

Y el bosquejo de Daniel sería:
1- De Jerusalén A Babilonia: 1:1-21
2- Los sueños de Daniel: 2:1-7:28
3- Las profecías de Daniel: 8:1-12:13

Frases que revuelven el interior
Haz carteles con mensajes que tengan que ver con lo que más les interesa y con aquello que menos les gusta. Para esto es necesario que conozcas a tu grupo o también pueden servir de modelo los siguientes mensajes.

Un voluntario/a pasa a leer los siguientes mensajes y el grupo debe ponerse de acuerdo en cuanto al puntaje que darán a la frase que escucharon (un punto: es para la peor frase, aquella que no quieren escuchar y cinco puntos, es para la mejor frase, aquella que sí quieren escuchar).

Aquí hay algunos ejemplos, tú debes inventar más frases según lo que sepas de tus alumnos:

"Evaluación de cumplimiento en el trabajo".
"Examen de último momento".
"La semana que viene te vas de viaje por Europa (u otro continente)".
"Teno una sorpresa para ti".
"Abróchate el cinturón de seguridad".
"Levanta la ropa del piso".
"¿Quién quiere helado?".
"Mañana a la mañana reunión de presupuesto".
"Bien hecho, excelente trabajo".
"Vamos a visitar a los abuelos".
"No hemos recibido su pago".

Preguntas para el diálogo:
¿Qué pasa cuando escuchamos cosas que no nos gustan tanto?
¿Cómo condicionan nuestra vida estas frases?

Repaso de los libros

Ezequiel e Israel

En aquel tiempo los israelitas eran tercos y hacían las cosas como bien les parecía, sin consultar ni tener en cuenta a Dios: vivían en continuo pecado y por esa razón es que estaban como esclavos de guerra en Babilonia.

Cuando Dios le habló a Ezequiel le advirtió que el pueblo no iba a querer escucharlo porque era obstinado, pero le pidió no callar sino hablar igual con ellos; de ellos sería la decisión de escuchar el mensaje de Dios o no (Ezequiel 2:1-9; 3:7-10).
Dios luego le habló a Ezequiel otra vez y le pidió que le hablara a la gente de Israel para que vuelvan de su mal comportamiento, para que tengan vida, porque los amaba profundamente.

Si los israelitas seguían tan tercos en su pensamiento de seguro morirían, por eso Dios le pidió a Ezequiel que les hablara para que se arrepintieran y no murieran.

Leer Ezequiel 3:16-19 y responder:

¿Cómo reaccionamos cuando vemos a alguien hacer cosas inapropiadas?
¿Es más fácil quedarse callado o decir la verdad de Dios?
¿Alguna vez estuviste en la situación de tener que decidir el advertir que lo que están haciendo tendrá una muy mala consecuencia y por el otro lado saber que NO desean escuchar lo que tienes para decir?
¿Alguna vez fuiste tú el que NO quiso escuchar la advertencia?

Otro joven que tuvo que hablar y no quedarse callado fue Daniel.

Daniel y el rey

Daniel llegó a ser consejero del rey Nabucodonosor, lugar que obtuvo porque Dios le había dado la capacidad de interpretar los sueños. El rey Nabucodonosor había tenido un sueño cuyo significado no comprendía pero que lo preocupaba en gran manera. Buscó entre sus consejeros sabios y ninguno pudo interpretar el sueño que había tenido, entonces le recomendaron buscar el consejo de Daniel (Dan. 2:1-3).
Daniel creía en Dios y confiaba en Él. Sabía que si no interpretaba el sueño del rey su vida estaría en peligro, por eso le pidió a Dios que le diera la interpretación del sueño y así fue. Dios escuchó a Daniel y le dio la interpretación y fue a comunicárselo al rey Nabucodonosor. Leamos juntos Daniel 2:36-49.

En Daniel 3 el rey mandó a hacer una gran estatua de su imagen para que todos en Babilonia lo adoraran. Los únicos que no adoraron la estatua del rey fueron Daniel y sus amigos, quienes también eran sabios y temerosos de Dios. El rey se enfureció y los envió a un gran horno para quemarlos. ¡Pero Dios puso un ángel para cuidarlos y salieron vivos! ¡El rey adoró a Dios! Daniel 3:19-28.

Daniel y Ezequiel fueron valientes cada uno en el lugar donde Dios los puso para dar su mensaje. Daniel influyó a tres reyes a lo largo de su vida. Ezequiel mientras vivió, se preocupó de guiar a los judíos para que se arrepintieran y volvieran a Dios.

¿Qué nos detiene para compartir de Jesús con los demás?
Escribe en una pizarra, o en algún lugar visible, las razones que te vayan dando. Cuéntales a tus jóvenes alguna situación personal donde hayas experimentado alguno de los sentimientos comentados anteriormente y cómo lo resolviste. Compartan también maneras en las que pueden hablar de Jesús y de su obra en la cruz.

Conclusiones (10')

Los cristianos tenemos un mensaje importante que compartir. Es el mensaje de amor y salvación de Jesús. Dios amó tanto a las personas que envió a su hijo Jesús para que muera por ellas y todos los que crean en Él tengan vida eterna (Juan. 3:16). Este mensaje es único y poderoso y todas las personas, amigos, familiares, compañeros de la escuela, todos necesitan escucharlo. Cuando Cristo es el centro en la vida, todo tiene sentido. Algunas veces vamos a tener que afirmarnos en nuestras convicciones y decir como Daniel "no voy a contaminarme" y el Señor te respaldará como lo hizo con Daniel y sus amigos.

No siempre será fácil hablar de Dios, de su amor y de las cosas que nos ha enseñado a través de su Palabra, porque tenemos miedo a ser mal vistos o a que se nos burlen o "nos incendien" pero Dios está justo ahí donde lo necesitamos. Tenemos que tener la fe y la confianza de dar la vida por la causa de Jesús. ¿Acaso "Él no la dio por ti?

Termina leyendo Mateo 5:14-16 luego ora por sus alumnos para que Dios les de lo que les falta para llevar su mensaje, según lo que compartieron. Y anímalos a compartir a Jesús con sus amigos en la semana, a invitarlos a que vengan a la iglesia la próxima vez.

Sé también de ejemplo y comparte con tus vecinos, compañeros de trabajo o familiares del Señor y comparte tu experiencia la próxima vez.

Entrega a cada participante una copia de Lecturas de Ezequiel y Daniel, descargable en www.e625.com/lecciones

Lección 19 > JEREMÍAS Y LAMENTACIONES

Los libros de Jeremías y Lamentaciones son clamores a Dios por las desgracias que les habían sobrevenido a los hebreos por no arrepentirse e irse tras otros ídolos deshonrando a Dios.

Josué había profetizado muchos años antes la destrucción de Jerusalén (Josué. 23:15-16) y Jeremías fue burlado por predecir lo mismo (Jeremías. 1-35) pero cuando se cumple el juicio a través del rey Nabucodonosor y la captura de Judá a Babilonia, Jeremías responde con gran dolor, tristeza y sufrimiento.

Jeremías fue sacerdote y profeta, y se le conocer como "el profeta que llora". Tuvo una vida de mucho sufrimiento, comparando así el sufrimiento de Israel con su vida. Su mensaje era principalmente para Judá, aunque en ocasiones vemos cómo profetiza contra otras naciones. Josías se fue con un remanente de judíos que huyeron a Egipto y fue llevado cautivo a Babilonia por el rey Joaquín cuando éste invadió Egipto. Los temas principales de Jeremías son el juicio sobre Judá y la restauración del futuro reino mesiánico.

En cuanto al libro de Lamentaciones, se cree que su autor fue Jeremías por algunas indicaciones del lenguaje paralelo con el libro de Jeremías y por Jeremías 7:29 y 2 Crónicas 35:25 entre otros. Se tradujo del griego 'ekah "clamores fuertes". Como su nombre lo dice, el libro contiene lamentaciones que recuerdan el sufrimiento por la caída de Jerusalén bajo el poder de Nabucodonosor. Este libro mantiene el recuerdo vivo de las glorias pasadas y enseña cómo enfrentar el sufrimiento.

Preguntas de introducción al tema (10')

Luego de una breve introducción explicando en tus palabras lo que acabamos de explicar, puedes compartir estas preguntas para activar la conversación:

1- ¿Has sentido mucha tristeza alguna vez? ¿Qué lo provocó?
2- ¿Algún amigo cercano ha pasado por algo muy difícil que le ha provocado estar triste por mucho tiempo?
3- ¿Cuál fue la mejor manera de pasar la tristeza?

Algunas cosas en la vida son difíciles de pasar: la pérdida de un ser querido, el rompimiento de una relación, perder el trabajo, que nos nieguen una promoción, fallar en la escuela algún examen importante, el divorcio de los padres, cosas que producen un profundo dolor por bastante tiempo.

Esto también pasó en la Biblia, en estos dos libros que vamos a estudiar hoy. Uno es el libro de Jeremías, un sacerdote y profeta que pasó por muchos dolores y sufrimientos. Escribió sobre el dolor del pueblo de Israel que estaba bajo el dominio de otros reyes y naciones; eran esclavos y sufrían todo tipo de dolor, castigo, trabajo forzado, hambre y abusos de quienes los dominaron. El otro libro se llama Lamentaciones y se cree el autor fue Jeremías. También expresa en sus páginas este mismo dolor.

La Biblia fue escrita hace mucho tiempo, pero podemos ver en sus páginas que la gente ha pasado por tiempos difíciles desde el principio de la humanidad. Hoy veremos cómo podemos pasar esos momentos, seguir adelante y resurgir de la tristeza profunda a un gozo eterno.

Desarrollo (30')

Al libro de Jeremías lo podríamos ordenar de la siguiente manera:
1- Llamamiento de Jeremías: 1:1-19
2- Mensajes a Judá: 2:1-45:5
    a- Juicios a Israel: 2:1-29:32
    b- Restauración de Israel: 30:1-33:26
    c- La caída de Judá: 34:1-45:5
3- Juicios sobre las naciones: 46:1-51:64
4- La caída de Jerusalén: 52:1-34

Al libro de Lamentaciones lo podemos dividir de la siguiente manera:
1- Primer Lamento: El sufrimiento de Jerusalén 1:1-22
2- Segundo Lamento: La ira del Señor 2:1-22
3- Tercer Lamento: El sufrimiento de Jeremías 3:1-66
4- Cuarto Lamento: El sufrimiento de Sion y castigo a Edom 4:1-22
5- Quinto Lamento: Ruego por misericordia 5:1-22

Desafíos y retos

Cada uno de los jugadores sacará una de las tarjetas de la pila que tendrás que preparar. Si tienes muchos participantes solo pide algunos voluntarios, ¡sino que todos participen! Luego de leer lo que dice la tarjeta en voz alta podrán decir una de dos cosas: "¡No hay problema!" y completar el desafío o podrán decir "Tengo un problema en mis manos" y elegir a alguien más que lo haga por él o por ella. Esta persona puede o no rechazar el desafío. Si lo acepta y lo cumple "salva" a los dos, si la rechaza, el primer jugador debe sacar otra tarjeta con otro desafío, pero la condición es que el segundo desafío debe cumplirlo sí o sí, sea más fácil o más difícil. No se puede volver a la tarjeta anterior y todo el que complete el desafío recibirá su barra de chocolate.

Imprime la página "Desafíos y retos" en e625.com/lecciones, corta los cuadrados para usarlos de tarjetas y mételos en un saco o bolsa o puedes apilarlos boca abajo.

Luego de jugar este juego realiza las siguientes preguntas:

1- ¿Por qué lo que para algunos es un problema, para otros no es visto como un problema?
2- ¿A ustedes les parece que hay personas que tienen más problemas que otras? ¿Qué suelten tener en común estas personas?

Problemas vs. Esperanza
1- Jeremías comienza profetizando la calamidad que vendría sobre el pueblo de Dios si no se arrepentía de adorar a dioses ajenos y se alejaba de la maldad. Jeremías tenía un problema en sus manos, debía darles las malas noticias como advertencia. Jeremías 7:1-11.

2- No solo era un mensaje de advertencia que no deseaban escuchar, sino que Jeremías mismo sufriría las consecuencias de sus advertencias. El profeta tenía un gran problema en sus manos. Jeremías 20:1-2; 37:13-16; 38:4-6.

3- Israel tenía un gran problema en sus manos, se habían alejado de Dios y ahora sufrían las consecuencias de sus malas decisiones. Como lo profetizó Jeremías, Babilonia se llevaría cautivo a Judá y sufrirían siendo esclavos, pero ellos no quisieron escucharlo y ahora era demasiado tarde. Abrir las Biblias en Lamentaciones, deja que ellos escojan versículos que afirman lo dicho.

4- El Señor siempre tiene un plan, Jeremías 46:27-28; 50:4-7, 33-34. Dios reconstruirá, todo lo que quedó en ruinas, en un futuro. Él cumple sus promesas y siempre busca el bienestar de los que ama.

Conclusiones (10')

En estos dos libros todo lo que se cuenta es terrible, es infidelidad de parte del pueblo que da tristeza a Dios, consecuencias del pecado. Esto llena de tristeza a Jeremías quien sufre por profetizar lo que pasaría, y tristeza por ver sufrir al pueblo de Israel durante sus años de cautiverio, esclavitud y abuso por parte de Babilonia. Todo el libro de Lamentaciones contiene quejas, llanto y sufrimiento de las tres partes y esto nos enseña que es válido sentirse triste, y llorar y hacer duelo por lo que se pierde, por lo que no se gana o por lo que sufrimos; es parte de vivir y crecer.

Lo que no es válido es quedarnos en ese estado, porque las consecuencias se sufren, pero se aprende de ellas, nos hacemos más expertos, más inteligentes y entonces aprendemos a vivir mejor. Aprendemos a confiar en el Señor, en su palabra y entendemos por qué es bueno obedecerle. Porque la obediencia es el lenguaje de amor de Dios y Él siempre está cerca de quienes lo buscan y obedecen. En sus promesas está nuestra esperanza.

Leer Romanos 5:1-5

¿Promete Dios en algún lado de la Biblia que nunca tendríamos problemas si somos cristianos? No. Entonces: ¿qué nos promete el Señor?

Dios promete que Él estará con nosotros en medio de los problemas, que el Espíritu Santo nos confortará y guiará con sabiduría si estamos dispuestos a obedecer.

Leer Romanos 15:13

Cierra en oración preguntando a tus alumnos por qué cosas pedir al Espíritu Santo, para que nos guíe a encontrar consuelo, esperanza y sabiduría para tomar decisiones inteligentes y maduras que nos lleven a una plenitud en Jesús.

Entrega a cada participante una copia de Lecturas de Jeremías y Lamentaciones, descargable en www.e625.com/lecciones

Lección 20 > HAGEO Y ZACARÍAS

Debido a la dureza de su corazón, Dios envió una fuerte llamada de atención al pueblo: el cautiverio en Babilonia. A pesar de falsas profecías que pretendían que este sería un período breve, Dios anunció que duraría setenta largos años, y prometió que traería nuevamente al pueblo a su tierra. En efecto, en la fecha precisa, bajo la autoridad de un nuevo imperio, el pueblo recibe la libertad de volver. Un edicto por parte de Ciro de Persia permite que un grupo vuelva, liderados por Zorobabel (gobernador, líder político) y Josué (Sumo Sacerdote, líder religioso). La primera misión que cumplir es la reconstrucción del templo.

Preguntas de introducción (10')

Luego de una breve introducción explicando en tus palabras lo que acabas de leer activa a los participantes con algunas preguntas generales.

¿Alguna vez has tenido que pasar por una seria llamada de atención de parte de Dios?
¿Por qué crees que la reconstrucción del templo era una prioridad inmediata?
¿Cuál crees que debería ser tu reacción una vez Dios cumple su promesa de restauración y te da una nueva oportunidad de cumplir con tu misión?

Desarrollo (30')

Al volver a Jerusalén, los líderes y el pueblo comenzaron la reconstrucción del templo. Sin embargo, intimidaciones y sobornos provocaron tanto el desánimo como el abandono del proyecto. Han pasado 15 largos años desde la puesta de los cimientos. El mensaje de Hageo será lo primero que el pueblo escuche de parte de Dios desde su retorno.

Según el tamaño del grupo, divídelos en equipos que faciliten la conversación entre ellos. A cada equipo, asígnale trabajar ya sea en Hageo o en Zacarías (no importa si varios equipos trabajan en un mismo libro, lo importante es brindarles la oportunidad de conversar sobre sus observaciones y alentarse unos a otros con las implicaciones para hoy). Luego los equipos podrán compartir con el grupo algunos de sus pensamientos destacados.

Hageo: una mirada hacia adentro

Lean el capítulo 1 de Hageo. En aquel entonces, el pueblo se encontraba en una seria crisis. Menciona los versos y las frases específicas que denotan la crisis económica del pueblo. Haz lo mismo, pero destacando la crisis espiritual. Para nosotros hoy, ¿creen que existe una correlación entre crisis económica y crisis espiritual? En este caso muy particular, vemos que la crisis externa (económica) fue provocada por Dios para que reaccionaran a su crisis interna (espiritual). ¿Podría hacer eso Dios en nuestra vida hoy?

¿Con qué palabras describirías la actitud del pueblo ante la misión que debían atender? Menciona algunos de los textos del capítulo que te hagan pensar en esas descripciones. Notamos que no es un problema de falta de información, sino de falta de sumisión. Como equipo, desarrollen una lista de al menos 10 instrucciones bíblicas que conocemos con certeza son nuestro propósito de vida. ¿Por qué creen que nos cuesta tanto obedecer cuestiones que sabemos con tanta claridad? ¿Cuán importante es para cada uno de nosotros cumplir la misión de Dios más allá que cumplir nuestra propia voluntad? ¿Cuáles de "tus cosas" podrían estar impidiendo que hagas hoy "las cosas de Dios"?

En el pasaje notamos una importante nota de esperanza. Dios les da una oportunidad de accionar su obediencia; el pueblo humildemente se arrepiente y se pone en marcha. ¿Qué se requiere para hacer un cambio de conducta tan radical? ¿Nos sigue dando Dios hoy ese tipo de oportunidades? ¿Qué podrías hacer esta semana para ponerte en acción con relación a tu misión en esta tierra? ¿Qué evidencias demostrarán tus prioridades espirituales?

Zacarías: una mirada hacia el futuro

Este libro contiene dos grandes secciones: capítulos 1 a 8, acerca de las visiones nocturnas, y capítulos 9 a 14, con las profecías del juicio de Dios y el reino venidero. Muchos de los textos de este libro son sumamente difíci les de entender (seguramente, ¡ni el mismo Zacarías los comprendió!) y algunos de ellos hacen sentido hasta que Jesús aparece en la escena.

Lean el 1:1-6. Encontramos una llamada urgente al pueblo de volverse al Señor. Este siempre es un asunto del corazón (interior), pero se manifieste en negligencia exterior (conducta). ¿En qué formas el abandono de la construcción del templo es un termómetro del corazón del pueblo? ¿Qué sucede cuando nosotros ignoramos nuestra misión en nuestro diario vivir; qué dice eso de nuestro corazón? Zacarías hace referencia a los pecados de los antepasados del pueblo. ¿Cómo podemos aprender de quienes nos precedieron, que abandonaron o cumplieron el propósito de Dios para sus vidas?

La sección del 1:7 al 6:8 contiene 8 visiones en las que Zacarías está muy despierto y hace preguntas. Distribuyan las profecías entre los miembros del equipo, o seleccionen algunas para leerlas individualmente y comenten: ¿Qué dice esta profecía acerca de la restauración de Jerusalén (Sion)? ¿Qué dice acerca del Mesías quien vendrá? ¿Qué mencionan acerca del papel del pueblo ante otras naciones, su relación y testimonio?

Comenten cómo estas profecías dan una mirada al futuro y ánimo para cumplir la misión presente.

Lean el 8:1-23. Esta profecía es pronunciada dos años más tarde que las primeras 8 visiones. Dios promete gozo, restauración. Mientras tanto, ¡el templo debe ser reconstruido! ¿En qué forma debe alentarnos ver que Dios hará lo imposible, mientras que nos corresponde hoy trabajar en un propósito posible? En este pasaje, ¿qué otra implicación práctica relacional tiene la esperanza de un futuro glorioso para el presente? ¿Cómo es esa conducta un reflejo de la misión del pueblo?

Conclusiones (10')

Los profetas son mensajeros que hablaron con convicción en nombre de Dios, es decir, pronunciando un mensaje de parte de Dios. Muchas de sus profecías anunciaban verdades futuras, pero con implicaciones presentes también.

Estos libros nos siguen mostrando la fidelidad de Dios al lidiar con su pueblo, al cumplir su pacto con ellos. También nos brindan esperanza sólida, mientras que nos retan urgentemente a vivir la misión que el Señor nos ha encomendado.

Para terminar, tomen un tiempo en los equipos para orar unos por otros y escriban algunas frases que representen un mensaje profético para todo el grupo. Esto no significa decir mensajes místicos ni que adivinen aspectos específicos del futuro de alguien. Más bien, redacten frases que son verdades desde su lectura del texto bíblico, que traigan aliento al grupo, que reten a vivir en obediencia, y desafíen a cumplir la misión. ¿Qué nos está diciendo Dios hoy? Pueden ser declaraciones similares a las de Hageo, "dice Dios que si obedecemos y trabajamos en lo que Él nos ha pedido, Él nos promete su presencia y bendición". Anímense unos a otros compartiendo en voz alta, mientras escuchan en silencio, estas profecías.

Entrega a cada participante una copia de Lecturas de Hageo y Zacarías descargable en: www.e625.com/lecciones

Lección 21 › ESTER

Solo hay dos libros en la biblia que llevan nombre de mujeres y ambos se encuentran en el Antiguo Testamento. En esta oportunidad estudiaremos el segundo de ellos para conocer un poco más acerca de Dios.

El libro de Ester tiene una gran curiosidad y es que en ninguna parte del mismo se menciona a ¨Dios¨ directamente. Él está implícito, pero no cabe dudas que intervino de manera sobrenatural en todo lo sucedido con Ester. Ester es un bello libro que los judíos leían durante la pascua para recordar la mano de misericordia de Dios sobre su gente.

Preguntas de introducción (10')

Luego de una breve introducción explicando en tus palabras lo que acabas de leer activa a los participantes con algunas preguntas generales.

1- ¿Te ha tocado pasar por un momento en tu vida o la de alguien en tu familia en la cual requirió mucha oración y fe?
2- ¿Quiénes fueron los que más se acercaron a ti y te acompañaron?
3- ¿Has intercedido por alguien más que estaba pasando por un momento difícil? ¿En qué manera te involucraste y cómo te sentiste al respecto?

Desarrollo (30')

El libro de Ester cuenta la historia de una joven hermosa que terminó siendo reina de Persia. Aunque era judía, el rey Asuero (El padre de Artajerjes que fue el rey que dejó ir a Nehemías a Jerusalén a reconstruir la muralla) se enamora de la belleza y simpatía de Ester y la nombra reina en lugar de la reina Vasti (quien por haberse negado a ir a una fiesta del rey se le quitó el título de reina). Definitivamente Dios tenía un plan para Ester, para que ella sea la defensora de Israel en un momento de calamidad.

Uno de los funcionarios más importantes de Persia odiaba a Mardoqueo, quien había criado a Ester, porque él se mantenía en las puertas del palacio y aunque por decreto todos debían postrarse ante Amán, él no lo hacía. Entonces éste tenía jurado matarlo, no solo a él, sino que su odio se había extendido a todos los judíos y Amán tenía un plan de exterminio listo para ser puesto en marcha. La reina Ester se enteró, pidió el pueblo ayunara y orara por ella, ella así mismo lo hizo, e intercedió ante el rey por su pueblo aun cuando su vida corría peligro de muerte.

Que importante es saber que en los momentos difíciles podemos contar con personas a nuestro alrededor que están dispuestas a acompañarnos a clamar a Dios por nuestra necesidad, y que honor poder interceder por quienes necesitan nuestra ayuda en los momentos más difíciles. Pero lo más precioso es saber que Dios nos puso en el lugar correcto para estar los unos por los otros en los momentos más complicados aún de vida y muerte.

Una gran historia de valentía y misión.
Divídelos en equipos, puedes escoger alguna foto de tantos productos de belleza como grupos quieras hacer: lápiz labial, crema para las arrugas, pinza depiladora, etc. e imprime tantas copias de cada imagen como cantidad de participantes por grupo vayas a ocupar. Luego colócalos dentro de una bolsa y que cada uno meta la mano sin mirar y saque uno de ellos. Luego se agrupan según la misma imagen.

Así como están en equipos buscar y leer Ester 3:5-11, 4:11, 4:15-17, 7:1-6, 7: 9-10, 8:16 (lo mejor sería que se lo dividan, pero deja que ellos mismos se den cuenta de ello)

¡Rápido y furioso!
Traza una línea en el piso con tiza o también se puede pegar una cinta adhesiva en el piso. El maestro o quien dirija el juego debe hacer preguntas acerca de la historia de Ester y un jugador por equipo debe correr a la línea, pisarla y dar la respuesta. Uno o dos jueces de línea serán necesarios para determinar quién piso primero. Cuando indiquen quién fue primero, ese jugador tendrá la oportunidad de responder. Si responde bien obtiene un punto, si responde mal, tendrá lugar el jugador que haya llegad segundo. Obtén las preguntas con sus respuestas correctas en www.e625.com/lecciones

Si tienes algún empate, puedes desempatar con alguna pregunta más complicada como ¿qué dice el versículo 4:14? que lo busquen, lo lean y respondan.

Conclusiones (10')

En algunos casos enfrentaremos situaciones difíciles que probarán nuestra fe, nuestra obediencia y nuestra confianza en el Señor. En estos casos es importante contar con el apoyo de la Iglesia, que nos ayuden a mantenernos fieles al Señor sea lo que sea que estemos pasando. Qué importante saber que podemos contar con las oraciones, ayuno y apoyo espiritual de nuestros hermanos y que ellos pueden contar con que nosotros haremos todo lo necesario para cumplir con el propósito que el Señor nos ha encomendado.

En la historia de Ester no se menciona al Señor, pero obviamente Ester confiaba en él, por eso les pidió que oraran y ayunaran con ella. Dos puntos que resaltar:

- Ester entendió que ella estaba ahí con el propósito de servir a su pueblo.
- Sabía que podía contar con el apoyo espiritual de ellos.

Esta es una buena oportunidad para dedicar un tiempo de oración por aquellas peticiones que son importantes para tus alumnos.

Pídeles que se pongan de a dos o tres y puedan compartir sus peticiones de oración y orar unos por otros.

También prepara un buzón con papeles y lápices para que ellos puedan colocar allí las peticiones privadas que no se animaron a hacer en público. (Esto dilo una vez que hayan terminado de orar para que puedan tener primero un espacio de confianza y no se queden todas las peticiones como privadas).

Entrega a cada participante una copia de Lecturas de Ester descargable en www.e625.com/lecciones

Lección 22 > ESDRAS Y NEHEMÍAS

Esdras y Nehemías relatan cómo el pueblo volvió del cautiverio y reconstruyó tanto el templo como la ciudad. Es un período largo que sucedió en medio de mucha dificultad. Los judíos encontraron mucha oposición, en particular de los samaritanos, pueblo vecino con una herencia de mezcla judía y pagana.

Nehemías tiene el reto de la reconstrucción de los muros de Jerusalén. Esdras el de enseñar la ley de Dios en el corazón del pueblo.

Preguntas de introducción (10')

Luego de una breve introducción explicando en tus palabras lo que acabas de leer activa a los participantes con algunas preguntas generales.

1. ¿Por qué encontramos oposición cuando deseamos vivir el propósito de Dios para nuestra vida?
2. ¿Qué actitudes son las indispensables para aprovechar exitosamente una nueva oportunidad de comenzar después del fracaso?
3. ¿Qué se requiere para vencer obstáculos provocados por otras personas (circunstancias externas)? ¿Por nosotros mismos (resistencia interna)?

Desarrollo (30')

Los libros de Esdras y Nehemías son muy estrictos con relación a la pureza del pueblo. Aunque hay un trabajo físico de reconstrucción, existe un mayor énfasis en la construcción interior de cada uno. ¿Qué lecciones aprendemos al respecto en Esdras 7:10?

Debate

Un tema sumamente difícil para el pueblo en aquellos tiempos como para nosotros hoy era el de las relaciones mixtas. No es un tema sencillo, y puede resultar muy controversial cuando se aborda solamente desde las opiniones o experiencias personales, indistintamente si son positivas o no. Sin embargo, es un tema importante, necesario, y espiritual. Por ello, prepara al grupo para un debate.

Distribuye a todos en dos equipos, y pide a ambos que lean los siguientes pasajes: Esdras 9:1-15 y Nehemías 13:23-27. Luego, tendrán tiempo para prepararse para el debate. Uno de los equipos defenderá la postura a favor de las relaciones mixtas (puedes enfocarlo en noviazgo y/o matrimonio), mientras que el otro estará en contra. Recuérdales que no se trata de una pelea contra las personas del otro grupo, sino un diálogo entre argumentos. Dales varios minutos para que preparen sus explicaciones, y luego que comience el debate, "¿Debería un cristiano sostener una relación de noviazgo y/o matrimonio con alguien que no lo es?".

Por cierto, es muy probable que los argumentos incluyan pasajes como 1 Corintios 7:16 y 2 Corintios 6:14. Así que vale la pena que los estudies como parte de tu preparación.

Modera el intercambio de tal forma que se mantenga dentro de un debate saludable (nuevamente, no se trata de atacar o lastimar a las personas del otro equipo). Al finalizar, lanza las siguientes interrogantes:

1. ¿Qué predominó más en nuestra conversación: argumentos existenciales o argumentos bíblicos? Y los bíblicos, ¿eran pasajes pertinentes al tema o eran sacados de su contexto?
2. ¿Este es un tema que se discute principalmente como un asunto social o uno espiritual?
3. Si nuestro propósito de vida es dar a conocer el carácter de Dios a otros, ¿de qué formas nuestra fidelidad a Dios fortalece la misión? ¿En qué maneras nuestra infidelidad la debilita?

Decisiones difíciles
Tomen un tiempo para leer todo el capítulo 10 de Esdras. Destaca las palabras de los versos 2 y 3: "Nosotros hemos sido infieles a nuestro Dios, pero todavía hay esperanza para Israel. Hagamos un pacto con nuestro Dios." Los tres elementos con un maravilloso recordatorio del carácter de Dios, y del nuestro. Su gracia sigue estando presente hoy.

Después de ver el capítulo, ¿cómo calificarían las medidas que tomó el pueblo? ¿Qué implicaciones tenían sobre ellos, sobre otros?

Probablemente algunos de los jóvenes estén involucrados actualmente en relaciones mixtas. Tomar decisiones en tales circunstancias requerirá acompañamiento individual. Recuerda que cada caso es diferente y no existe una única manera de abordarlos. Sé sensible a la situación y procura comprender lo que ellos experimentan.

Otros quizás lo estén considerando o eventualmente tengan que enfrentar una decisión al respecto. Conversen como grupo qué medidas preventivas podrían anticipar desde ya. ¿Cómo pueden apoyarse espiritualmente ante una posible decisión?

Conclusiones (10')

La obediencia del pueblo a las normas de Dios era un instrumento para dar a conocer a las naciones quién era su Dios y cómo es Él. Es decir, la santidad está estrechamente ligada con la misión.

A lo largo de todo el relato bíblico, la obediencia que Dios exige y merece es total, sin reserva. Ese debería ser nuestro anhelo. Tomen un tiempo para orar unos por otros, fortaleciéndose hacia decisiones de obediencia, que sean testimonio de su fe en Dios.

Así como el pueblo en aquellos días, somos incapaces de ser fieles en totalidad por nuestros propios medios. Tomen un tiempo para agradecer y alabar a Dios por su gracia, misericordia y esperanza en Cristo.

Entrega a cada participante una copia de Lecturas en Esdras y Nehemías en www.e625.com/lecciones

Lección 23 › MALAQUÍAS

Han pasado unos 100 años desde el regreso de Babilonia. El templo fue reconstruido y los sacrificios fueron ofrecidos nuevamente. Sin embargo, el pueblo se cansó de esperar la restauración de Israel. Vivían siendo una pequeña provincia del imperio persa y decayeron espiritualmente.
Ellos se habían apartado de la idolatría externa, pero descuidaron la idolatría en su corazón.

Preguntas de introducción (10')

Luego de una breve introducción explicando en tus palabras lo que acabas de leer activa a los participantes con algunas preguntas generales.

1. ¿Cómo definirías idolatría?
2. ¿En qué formas crees que un cristiano podría ser presa de la idolatría hoy?
3. ¿Cómo se conecta la idolatría con la apatía o insensibilidad espiritual?

Desarrollo (30')

El pueblo se encuentra en un estado de decadencia espiritual. Menosprecian a Dios de forma terrible.

Reprensión

Forma grupos pequeños para que lean los siguientes pasajes. Son reprensiones en las que el pueblo es acusado de pecado. En cada caso, contradicen al Señor y piden evidencias de sus acusaciones.

1. Malaquías 1:2
2. Malaquías 1:6
3. Malaquías 1:7
4. Malaquías 2:14
5. Malaquías 2:17
6. Malaquías 3:7
7. Malaquías 3:8
8. Malaquías 3:13

Para comprender mejor cada texto, será importante leer los versos que le rodean. ¿Qué notan en estas reprensiones? ¿Por qué son temas importantes? ¿En qué forma podrían ser reprensiones para nosotros hoy también?

Luego de escuchar los comentarios de los grupos, atrae la atención de todos a dos preguntas:

1. ¿Por qué creen que la primera reprensión tiene que ver con la insensibilidad ante el amor de Dios?
2. ¿Cómo podemos prevenir la indiferencia espiritual? ¿Cómo podemos evitar que nuestro corazón se endurezca?

Esperanza
Las últimas palabras del Antiguo Testamento se registran en Malaquías 4:1-5. Lean el pasaje.
El profeta advierte que llegará el día en que el mal será destruido. Para quienes son fieles a Dios, habrá liberación y bienestar. ¿Qué te parecen las metáforas que se utilizan en estos textos?

Nuevamente existe una llamada de atención para el pueblo. Deben obedecer a Dios y recibirán bendición; de lo contrario, vendrá juicio. Este mensaje de parte de Dios ha sido consistente durante todo el Antiguo Testamento. ¿Recuerdas alguna otra escena en la que aparece esta misma promesa? ¿Esto es algo que Dios sigue diciéndonos hoy?

Por último, se habla de la venida de Elías. Los judíos esperaban la llegada de este profeta antes de la venida del Mesías. Lean Mateo 11:11-15. ¿Quién dice Jesús que es Juan? ¿Quién dice Juan que es Jesús?

Conclusiones (10')

La adoración a medias es muy peligrosa. En realidad, es idolatría. Todos nosotros estamos expuestos y somos vulnerables.

Terminen con un tiempo de oración y cantos. Busquen canciones que hablen en primera persona a Dios, y le exalten como Rey y Señor. Mientras cantan, prepara una pizarra grande o una cartulina con suficiente espacio, para que cada uno de forma espontánea pueda acercarse a escribir acciones específicas que reflejan adoración a Dios. Pueden ser frases que comiencen con "Yo te adoro cuando..." o "Me rendiré en adoración al...". Más que música, adorar es rendirnos.

Entrega a cada participante una copia de Lecturas en Malaquías en www.e625.com/lecciones

Lección 24 > ¿CÓMO SE DISTINGUEN Y COMPLEMENTAN EL AT Y EL NT?

Alguien dijo que es lamentable que tengamos en nuestra Biblia una página que separe el Antiguo Testamento del Nuevo, porque parece que crea una ruptura mucho mayor de la que debería existir. Por supuesto, no es culpa de una hoja de papel. Sin embargo, es verdad que la tendencia general es a desconectar ambas secciones del texto bíblico y perder de vista cómo se complementan.

Preguntas de introducción (10')

Luego de una breve introducción explicando en tus palabras lo que acabas de leer activa a los participantes con algunas preguntas generales.

Para ello, marca con símbolos (o sencillamente de forma imaginaria) dos extremos del salón donde se encuentran. Por ejemplo, si te sitúas al medio, puedes decir que tu lado derecho será la primera opción y tu lado izquierdo será la segunda. Explícale al grupo que leerás una serie de preguntas, dando dos posibles alternativas para responder. Cada uno debe caminar y situarse en el extremo del salón que mejor represente su opinión. En los casos que consideres oportuno, pregúntales a algunos el porqué de su selección.

1. ¿Te gusta leer el Antiguo Testamento o el Nuevo Testamento?
2. ¿Preferirías ser el apóstol Pablo o Moisés?
3. ¿Cuál es más importante, Génesis o Apocalipsis?
4. ¿Cuáles son más difíciles de entender: las parábolas o las profecías?
5. ¿Te gustaría leer y entender hebreo o griego?
6. ¿Las historias más escalofriantes se encuentran en el NT o el AT?
7. ¿Preferirías ver el maná del cielo o la multiplicación de los panes?
8. ¿Dónde se presenta Dios más amoroso, en el AT o el NT?
9. ¿Dónde se presenta Dios más justo, en el AT o el NT?
10. ¿Preferirías ver cuando el mar se abre en dos o la transfiguración?
11. ¿De dónde sabes más textos bíblicos de memoria, del AT o del NT?
12. ¿Cuál vas a leer completamente este año, el AT o el NT?

Puedes pensar en más preguntas, según la personalidad de tu grupo. Por supuesto, aunque tenemos opinión y preferencias, nunca hay competencia entre ambas secciones de la Biblia. Ambas son totalmente importantes, necesarias, y suficientes.

Desarrollo (30')

Definición incompleta

Pregunta al grupo qué es la Biblia. Si es posible, anota todas sus respuestas. Si quieres inquietarlos un poco, pregúntales por qué afirman tales respuestas (notarás que muchas de ellas son simplemente respuestas memorizadas en lugar de convicciones a las que han llegado por medio de investigación inteligente).

Más allá de estas definiciones iniciales, muchas personas en realidad leen el texto bíblico como algo que no es. A continuación, una lista de conceptos imprecisos e incompletos de la Biblia. Al leerlos, verás que la Biblia en efecto contiene este tipo de elementos, pero no es un libro únicamente de esos elementos. Comparte con el grupo las siguientes categorías, y piensen en ejemplos bíblicos muy conocidos.

1. La Biblia es un libro de leyes y normas.
2. La Biblia es un libro de buenos consejos.
3. La Biblia es un libro de bonitas historias con bonitas lecciones.
4. La Biblia es un libro de promesas.
5. La Biblia es un libro de frases muy célebres.

Para cada caso es fácil recordar algún ejemplo que todos sabemos. Sin embargo, existen otros libros que contienen las mismas categorías, y no son denominados "la Palabra de Dios". ¿Cuál es la diferencia entonces? ¿Y cuál es el problema?

La gran diferencia

Lo que hace único en su categoría al libro que llamamos la Biblia (en realidad, una biblioteca de 66 tomos) es que contiene la revelación de Dios. Una primera descripción de revelación es "la manifestación sobrenatural de una verdad que se hallaba oculta" (De Andrade, Diccionario teológico).
Si el texto bíblico es la revelación de Dios, significa que por medio de él llegamos a conocer 3 verdades que sería imposible conocer con nuestra propia investigación o experimentación:

1. El carácter de Dios (quién es Dios)
2. La obra de Dios (la misión de Dios)
3. La expectativa de Dios (nuestra respuesta esperada por Dios)

Divide al grupo en equipos de 3 o 4 personas, y dales unos minutos para escribir algunos recordatorios muy puntuales que puedan anotar en cada una de estas tres verdades. En otras palabras, después del recorrido por el Antiguo Testamento, ¿qué hemos aprendido acerca del carácter de Dios, de la obra de Dios, de la expectativa de Dios?

¡Ese es el carácter distintivo del texto bíblico! Por ello, cada vez que leemos historias, profecías, parábolas, consejos, proverbios, poemas, mandamientos, promesas, es para conocer a Dios, su obra, y saber responder como Él merece y exige. No deberíamos quedarnos solo con una ley o historia o consejo, debemos ver a la persona a la que apunta. En otras palabras, si leímos cualquier porción bíblica y no conocimos mejor a Dios, su obra y expectativa, la hemos leído mal.

La persona de Cristo
Por supuesto, además de tener la palabra escrita, tenemos también a la palabra viva: Cristo. Él nos da a conocer el carácter de Dios, nos muestra con más precisión la misión de Dios, y nos habla con tal claridad del deseo de Dios, la respuesta que espera de nosotros. Cristo es la revelación de Dios.

Por ello, la lectura de la Biblia requiere una mirada que apunta a Cristo, tanto en el Antiguo como el Nuevo Testamento. Esto no significa que debemos forzar los pasajes para decir que allí está Cristo o que todos se refieren a Cristo. Más bien, deberíamos notar como el Antiguo Testamento anuncia al Cristo que viene, y el Nuevo Testamento anuncia al Cristo que vino y ahora envía. Por ello, también leemos toda la Biblia con el lente de la misión de Dios.

Conclusiones (10')

¿Cuál testamento es más importante, el Antiguo o el Nuevo? ¿A cuál deberíamos prestarle más atención?

En este punto valdría la pena lanzar al grupo un desafío de investigación. Seguramente todos tenemos un poco de información con relación a los temas teológicos e históricos de la Biblia. Pero muchas veces esa información puede ser incompleta, sin argumento o entendimiento. Por ello, un buen proyecto podría ser alentar al grupo a desarrollar una presentación de temas relacionados al texto bíblico, entre ellos:

1. Definición teológica de revelación
2. Definición teológica de inspiración
3. Definición teológica de iluminación
4. La formación del canon del Antiguo Testamento
5. La formación del canon del Nuevo Testamento
6. Los libros deuterocanónicos
7. Las diferencias entre las traducciones bíblicas y los manuscritos usados para cada una de ellas

No es necesaria una exposición académica de los temas, pero el grupo podría aprovechar mucho profundizar más allá de la superficialidad en cada uno de estos temas. Además, el reto te da la oportunidad de enseñarles a utilizar herramientas de estudio. No te preocupes por no poder responder todas las preguntas que surjan; más bien, ¡preocúpate si no surgen preguntas!

Ayúdalos durante la semana para su investigación, y en la próxima reunión compartan sus hallazgos. ¡Que disfruten el reto!

Lección 25 › LOS EVANGELIOS: ENCARNACIÓN DE CRISTO

Aunque los Evangelios no nos dan una fecha exacta del nacimiento de Jesús, sí tenemos algunos datos, como fue al final del reinado de Herodes (Mat. 2:1; Luc. 1:5). Únicamente los evangelios de Mateo y Lucas nos relatan y registran los datos del nacimiento/encarnación de Jesús, el hijo de Dios. Notamos varios paralelos: en ambos un ángel anuncia antes del nacimiento de Jesús que él es el Mesías prometido de la línea de David; María es virgen cuando queda en cinta por medio del Espíritu Santo; Jesús nació en Belén, tierra natal de David y creció en Nazaret de Galilea. Ambos presentan la genealogía de Jesús para hacer notar y demostrar que Jesús es el Mesías prometido.

También hay algunas diferencias que debemos conocer. El relato de Mateo se enfoca más en José mientras que Lucas se enfoca en María. Mateo describe el atentado de Herodes de matar a Jesús y la huida de la familia a Egipto. Lucas hace un paralelo con el nacimiento de Jesús con el de Juan el Bautista, describe el censo decretado por Augusto Cesar que hace que José y María lleguen a Belén donde nace Jesús en un establo y describe la visita de los pastores.

Ahora, si leemos Juan 1:1-18 encontramos cómo Juan identifica a Jesús como el Verbo/La Palabra que estaba con Dios que es Dios que se hizo hombre/ *se encarnó (EL Hijo de Dios asume voluntariamente cuerpo de carne y la naturaleza humana)* para darnos vida, salvación, para acercarse y estar entre nosotros (Mat. 1:21-22). Lee también Juan 14:8-11; verás cómo Jesús mismo declara su deidad mientras está en la tierra. La carne asumida por el Verbo es la auténtica *Shekhinah* (termino que expresa la presencia visible de Dios en gloria). Los judíos decían "donde están dos reunidos en mi nombre para estudiar la ley, la *Shekhinah* está en medio de ellos, frase que Jesús explica en Mateo 18:20. La presencia divina que se manifiesta en actos de misericordia, haciendo bienes y sanando a todos los oprimidos por el diablo (Juan 1:14; 2:11; 11:4-40; 12:50).

Mateo quiere señalar cómo en el nacimiento de Jesús se cumple las escrituras. Dios tiene el plan de rescatar, salvar a su creación. Cinco veces es mencionado el Antiguo Testamento en tan solo los primeros dos capítulos. Mateo 1:22-23 (Isaías 7:14); 2:5-6 (Miqueas 5:2); 2:15 (Oseas 11:1); 2:17-18 (Jeremías 31:15); 2:23 (Isaías 11:1). Mateo nos presenta a Jesús como el cumplimiento de la esperanza tanto esperada. Pablo en Filipenses 2:5-8 nos explica la encarnación y nos deja un reto, que tomemos la misma actitud de Jesús.

Preguntas de introducción (10')

Luego de una breve introducción explicando en tus palabras lo que acabas de leer activa a los participantes con algunas preguntas generales.

- En sus clases en la universidad y algunos de sus amigos/compañeros, ¿qué dicen de Jesús? ¿Qué dicen sobre quien es Jesús?
- ¿Qué sabes sobre la encarnación?
- En la Biblia ¿Quién se encarnó? ¿Cómo sabes eso?
- Si les preguntaras "¿Dios está cerca o lejos?", ¿qué crees que dirían?

Desarrollo (30')

Llévalos a Mateo 1:21-22, dependiendo del tamaño del grupo divídelos en parejas o en tríos para que lean y estudien los siguientes pasajes y respondan las preguntas.

- ¿Qué nombres debían darle a este niño que nacería?
- ¿Por qué estos nombres?
- ¿Qué tienen que ver estos nombres con la encarnación?
- ¿Por qué debía tomar forma humana con cuerpo de carne?

Para ayudarles un poco más con los temas de pecado, salvación, perdón, puedes darles estas citas: Isaías 9: 1-2; Efesios 2:1-7; Mateo 1:21; Romanos 3:23; 5:12, 19; 6:23.

- ¿Quién tomó la iniciativa de acercarse? Mateo 1:22; Juan 1:14; I Juan 4:19
- ¿Cuál es el propósito de la encarnación de Jesús?
- ¿Cómo sabríamos cómo es Dios y cómo obra si no hubiera enviado a su hijo para que habitará entre los hombres como hombre?

Puedes darles estas citas para que analicen el texto y así contestar las preguntas, Juan 14:8-11; Juan 1:14; 2:11; 11:4-40; 12:50.

Para llevarlos un poco más allá:
Puedes crear tres grupos, dos de ellos debatirán entre ellos sobre si Jesús realmente es el Hijo de Dios encarnado. El tercer grupo deberá evaluar cada punto de discusión de ambos grupos a la luz de La Palabra. Dales 5 minutos para que cada grupo se organice. Ayúdales a que se un buen ambiente para tener una discusión abierta y respetuosa.

Conclusiones (10')

Pídele a cada grupo que compartan por lo menos dos conclusiones y cómo les afecta la encarnación en su vida diaria y personal.

- Hoy también necesitamos perdón, pues seguimos lidiando con el pecado y sus efectos.
- No estamos solos, pues Dios se acercó para ser accesible y así poder conocerlo.
- Dios siempre cumple sus promesas.
- Dios obra a nuestro favor por medio de su misericordia y gracia, no merecíamos su perdón y salvación.
- Dios toma la iniciativa para acercarse, a pesar de nuestra rebeldía.

Termina leyéndoles Filipenses 2:5-10 y Mateo 28:19 para comprender que tenemos Buenas Nuevas que anunciar. Tenemos una misión, tener la misma actitud que tuvo Cristo al hacerse hombre mientras hacemos discípulos/seguidores de Él.

Entrega a cada participante una copia de Lecturas en los Evangelios: la encarnación de Cristo en www.e625.com/lecciones

Lección 26 > LOS EVANGELIOS: EL MINISTERIO DE CRISTO

Ministerio en griego es diakonía (servir, asistir), y en hebreo abad (servir, labrar, esclavizar, trabajar). Jesucristo es el siervo por excelencia de Dios y de los hombres. Puedes leer Mat. 20:28; Marcos 10:45; Ro. 11:13; II Cor. 4:1; Hebreos1:17; 6:4. El ministro de Dios se humilla y adopta la condición de esclavo cuando le lava los pies de hombres y lava y cura las llagas del hombre causadas por el pecado con su misma sangre. No ve el ser siervo como algo malo o indigno; lo indigno es que el hombre quiera dominar a otro hombre. Lee Mateo 20:25; Marc. 10:42.

Dos eventos prepararon a Jesús para cumplir su rol mesiánico:

1. Se sometió al bautismo de Juan, identificándose con el pueblo de Dios arrepentido. Al salir del agua, una voz se escuchó declarándolo como el Hijo de Dios (Mat. 3:13-17).
2. El Espíritu Santo lo condujo al desierto, donde Satanás lo tentó. Al resistir cada una de las tentaciones de Satanás y no ceder a actuar para su propio bien y poder Jesús comprobó que estaba listo para cumplir los propósitos y plan de Dios como su siervo / ministro (Mat. 4:1-11).

Preguntas de introducción (10')

Luego de una breve introducción explicando en tus palabras lo que acabas de leer activa a los participantes con algunas preguntas generales.
¿Qué concepto de Dios quiere "el mundo" que tengamos de Él?
¿Crees que Dios obra a nuestro favor? ¿por qué sí o por qué no?
¿Cuál es el propósito de tu vida? ¿Lo conoces?

Desarrollo (30')

Antes de empezar a leer y estudiar las citas bíblicas, entrégale a cada participante una hoja en blanco y marcadores o lápices de colores. Pídeles que dibujen en la hoja su propósito de vida y qué están o harán para alcanzarlo. (Te sugiero que pongas música de fondo, esto ayuda a inspirarse y crea un buen ambiente). Una vez que lo hayan terminado pregunta si hay alguien que quiera enseñarlo y explicarlo a todos. Llévalos a Mar. 10:42-45, pídeles que lo lean una vez en silencio. Ahora lean en voz alta una vez, pero en diferentes versiones (es probable que ellos tengan diferentes versiones, si no pídeles que busquen en sus dispositivos móviles por lo menos tres o cuatro versiones diferentes).

- ¿Qué palabra es la que más se repite? (Servir)
- Según estos versículos, ¿cuál es la importancia de servir o del siervo?
- ¿Cómo se contrasta el concepto del mundo de servir y éxito con el de Dios?
- ¿Bajo qué concepto estás viviendo? Dale un vistazo a tu dibujo, ¿qué refleja?
- Según el versículo 45, ¿cuál es el propósito del ministerio de Jesús?
- Ahora, siervo de quién es Jesús. Lean Juan 5:30; 36.
- ¿La voluntad o plan de quién cumplía Jesús?
- ¿La voluntad de quién debemos hacer nosotros? Leamos Mateo 12:50; 7:21.
- ¿Qué riesgo corremos según los versículos anteriores?
- No podemos llevar una vida incongruente. Si decimos que Jesús es nuestro Señor, que Dios es nuestro Padre, nuestra voluntad debe ser afectada. De nuevo observa tu hoja y haz los ajustes necesarios si son necesarios para que se note quién es tu Señor.

Mucho se escucha que debemos cumplir nuestros sueños, que pidamos y busquemos involucrar a Dios es nuestros planes para que los bendiga. Pero, según los versículos que hemos estudiado, al leer sobre por qué hacía Jesús lo que hacía (nuestro ejemplo a seguir, ¿verdad?), ¿son esas frases bíblicas? ¿Por qué? Permite que expresen sus opiniones. Esto debe ayudarte a conocer mejor dónde están parados, dónde están sus convicciones, cuáles son algunas de sus luchas. Ayúdales a entender la verdad bíblica. Si es necesario regresa a los versículos estudiados y que ellos mismos encuentren las respuestas.

- ¿Cuál es la razón por la que Dios espera que le obedezcamos a Él, que no sigamos nuestros planes, sino que nosotros nos involucremos en sus planes? Lean Lucas 9:23-25.
- EL plan de Dios siempre ha sido rescatarnos del pecado, darnos vida en Él a través de Jesucristo. Dios no es el aguafiestas cósmico.

Conclusiones (10')

Entrégales una nueva hoja en blanco y pídeles que dibujen cómo se vería o ve su vida bajo las condiciones que ha puesto Dios.

- Cada obra, palabra que Jesús hizo o dijo era para reflejar al Padre.
  - ¿Están tus palabras, pensamientos, acciones reflejando la misericordia, gracia de Dios?
- Dios está cumpliendo su plan redentor (rescatarnos del pecado) a través de su siervo/ ministerio de Jesús. Nuestra meta es ser y hacer como Jesús.
  - ¿Qué ajustes debes hacer intencionalmente para ser ese discípulo que se niega a sí mismo, que toma su cruz cada día, que sigue a su Señor?

Entrega a cada participante una copia de Lecturas en los Evangelios: el ministerio de Cristo en www.e625.com/lecciones

Lección 27 > LOS EVANGELIOS: LA PASIÓN DE CRISTO

Lee con detenimiento Lucas 22:1-20, y ora para que toda tu mente y corazón sean afectados por esta lectura.

Una noche antes de ser crucificado, Jesús reúne a sus discípulos para tener una última cena que, según el texto, es muy deseada, anticipada por Él. Jesús esa noche transforma La Pascua, cena que todo judío debía celebrar una vez al año para recordar el milagro de como Dios libró a sus antepasados de Egipto, en la Cena del Señor, una cena en donde sus discípulos comerían pan y beberían vino para recordar la muerte sacrificial en la cruz de su Señor/Maestro.

Ahora lee como si fuera la primera vez Lucas 22:39-46.
Jesús se dirige al jardín de Getsemaní para orar, se está preparando para el momento más difícil de su ministerio, para culminar el propósito de encarnarse: morir en el madero para traer salvación a la humanidad rebelde, muerta en sus delitos y pecados. Recuerda que Dios ya había dicho que para que hubiera remisión/perdón de pecados debía haber muerte y derramamiento de sangre (Levítico 17:11; Hebreos 9:22). Pero notas unos aspectos peculiares de esta escena. Vuelve a leer el pasaje. ¿Cuál es el estado emocional de Jesús? ¿Qué petición le hace a su padre? ¿En qué concluye? ¿Qué hace Dios en beneficio de su hijo? A pesar de lo emocional que esta Jesús no olvida quién es el que tiene la última palabra y a quien obedece. El plan redentor debía llevarse a cabo y para ello debía morir el cordero sin mancha, el perfecto, Jesucristo el Mesías prometido (1 Pedro 1:19-21).

Termina de leer el capítulo 22 de Lucas y todo el capítulo 23. Jesús tuvo una muerte pública horrible, donde hubo de pérdida total de sangre, asfixia, agotamiento, burla, humillación. Su cuerpo fue llevado a una tumba que le pertenecía a Jesé de Arimatea, miembro del concilio judío. Pareciera que la muerte venció. ¿Cómo es posible que el hijo de Dios terminara en muerte, sepultado en una tumba? Gracias a Dios ese no es el final. El domingo por la mañana un grupo de mujeres fue a la tumba para ponerle especies al cuerpo, ya que esto era parte del ritual de hacer un entierro. Pero ¡oh sorpresa! ¡No había cuerpo! ¡Jesús no estaba! Lee Mateo 24:1-12, léelo con un corazón agradecido pues Jesucristo nuestro Salvador venció la muerte; el pecado ya no tiene dominio sobre nosotros.

Con su resurrección y las diferentes apariciones que tuvo con diferentes personas, Jesús demuestra que en verdad Él es el Mesías, el Hijo de Dios. Afirma contundentemente que en efecto hay salvación para el pecador. ¡Dios cumple su promesa!

Preguntas de introducción (10')

Luego de una breve introducción explicando en tus palabras lo que acabas de leer activa a los participantes con algunas preguntas generales.

1. ¿Qué es lo más sacrificial que un amigo ha hecho por ti?
2. ¿Hasta dónde estarías dispuesto de llegar para demostrarle a un amigo tu amor por él o ella?

Desarrollo (30')

Prepara el lugar donde se reúnen y prepara los elementos para juntos tomar la Cena del Señor.

Para comenzar, explícales a todos que tomen un tiempo en silencio y personal para orar, pidiéndole a Dios que les ayude a escuchar y maravillarse de su inmenso amor y su plan perfecto para rescatarlos y salvarlos del pecado.
Lean juntos Lucas 22:14-20 y 1 Corintios 11:23-26.

- ¿En conmemoración de quién tomamos el pan y la copa?
- ¿Qué representan estos elementos?
- ¿Qué estamos anunciando al tomar del vino y comer el pan? ¿Por qué la muerte de Jesús? Porque De tal manera amo Dios al mundo que dio a su hijo unigénito para que todo aquel que cree en él no se pierda más tenga vida eterna. Juan 3:16.

Conclusiones (10')

¿Por qué seguir anunciando? ¿Por qué tú y yo? Porque tenemos una misión que cumplir. Anunciar las Buenas Nuevas de salvación con gozo, con esperanza y con valentía. Hagámoslo convencidos que el evangelio tiene poder para transformar vidas, comenzando con la mía y la tuya.

Entrega a cada participante una copia de Lecturas en los Evangelios: arresto, muerte y resurrección de Cristo en www.e625.com/lecciones

Lección 28 > HECHOS 1-7

Una misión fue encomendada a los discípulos, a estos seguidores y partidarios de Jesús en Mateo 28:19. Es la misma misión que Dios ha tenido, redimir al hombre y es un plan que abarca a todas las naciones.

Este proyecto global de Dios no ha terminado. Jesús el Mesías vino a este mundo e hizo la voluntad de su Padre, murió en una cruz y resucitó. Ahora nos corresponde ir más allá para anunciar las buenas nuevas de salvación por medio de Jesucristo (Hechos 1:1-8).

Jesús equipa a este grupo de discípulos para poder cumplir con la gran comisión. Les proporciona también el esquema geográfico básico para que el evangelio sea expandido y llegue hasta lo último de la tierra.

Lee Hechos 1:4-5. Jesús les aclara que no deben comenzar esta misión sin antes haber recibido "la promesa". Servimos a un Dios perfecto, fiel para con su palabra y planes, que involucra a personas, seres humanos reales e imperfectos en sus propósitos gloriosos. Pero no nos deja solos, bajo nuestras propias capacidades -así sería un Dios cruel, pues es imposible cumplir con la misión sin la ayuda sobrenatural que provee el Espíritu Santo. En los 28 capítulos de Hechos, Lucas menciona más de 50 veces al Espíritu Santo. Sin duda alguna el poder y la presencia del Espíritu Santo son indispensables para llevar las buenas nuevas y cumplir los planes de Dios.
El bautismo del Espíritu Santo ocurre una sola vez en la vida del que cree en Cristo, como hijo de Dios y único y suficiente salvador. Esto no es por esfuerzo o deseo humano, ocurre en el momento de la salvación, cuando el Espíritu Santo toma residencia permanente en la vida del creyente (Romanos 8:9). Es por la gracia de Dios. Es una promesa para todos, no es un hecho exclusivo (Hechos 2:1-4,38-30).

Preguntas de introducción (10')

Luego de una breve introducción explicando en tus palabras lo que acabas de leer activa a los participantes con algunas preguntas generales.

- ¿Cuáles son los obstáculos más comunes con los que te enfrentas a diario por ser cristiano?
- ¿Cuáles son los obstáculos que enfrentas personalmente para compartir tu fe?
- ¿Por qué crees que muchas veces nos dejamos intimidar por estos obstáculos?

Desarrollo (30')

- ¿Qué sucedió con los primeros seguidores de Jesús, después de su muerte y resurrección? Llévalos a leer Hechos 2:1-4 y 43-47.
- Una promesa se había hecho. ¿Cuál era? Hechos 1:4-5.
- ¿Quiénes pueden ser bautizados con el Espíritu Santo? Hechos 2:38-39.

Toma un tiempo para explicar el significado del bautismo en agua y el bautismo con el Espíritu Santo. Es una excelente oportunidad para repasar lo que la Biblia enseña, y observar también lo que tu iglesia o denominación sostiene al respecto.

Divide a los participantes en grupos con no más de 4 integrantes por grupo y pídeles que tengan una lluvia de ideas de lo que han escuchado sobre "de qué se trata ser cristiano". Dales 10 minutos para que piensen y escriban sus ideas (reales, radicales, creativas, positivas, negativas, abusivas). Después pídeles a por lo menos dos grupos que expongan sus ideas y que los demás reaccionen sobre lo que están diciendo. ¿Cómo se sienten con estas descripciones?

Podemos tener una idea equivocada sobre de que se trata ser cristiano, y dejar de vivir los propósitos gloriosos de Dios. Lean Hechos 1:8.

- Tenemos una misión que cumplir. ¿Cuál es?
- ¿Por qué sí es posible cumplirla?
- ¿Con qué propósito fuimos bautizados con el Espíritu Santo? ¿Para alcanzar nuestros sueños y nuestros planes o los planes y sueños de Dios?
- ¿Dónde nos toca ser esos testigos? Aquí, allá, ahora.

Pídeles que hagan una lista de cuál es su aquí y ahora y dónde está su allá. Tenemos la responsabilidad de cumplir la misión hasta lo último de la tierra, aún si no tenemos tiempo, no tenemos dinero, o no tenemos ganas de vivir en otro país. Entonces, ¿cómo podríamos hacerlo? ¿En qué formas activas (¡agresivas!) podemos involucrarnos ya? ¿Qué planes -a mediano y largo plazo- podríamos comenzar a preparar?

- ¿Qué ajustes intencionales debes hacer para vivir en los planes de Dios?

Sin duda alguna, estás rodeado de personas, amigos o familiares que aún no creen que Jesús es el único Salvador, el único camino que nos lleva al cielo, a la presencia de Dios. Pide a un voluntario que lea Hechos 4:1-13.

- ¿Qué características tenía Pedro y Juan?
- En realidad, ¿cuán diferentes eran diferentes a ti y a mí?

- ¿Qué les estaba sucediendo?

Ahora lean Hechos 4:23-31

- ¿Será que tenían obstáculos y luchas internas?
- ¿Cuál fue la solución? ¿A quién acudieron para vencer sus obstáculos?
- ¿Cuál fue el resultado?
- ¿Qué estás haciendo tú con tus obstáculos y luchas?

Recuerda: muchos de los que te rodean aún no confían en Jesucristo para salvación; tienen muchas dudas y tú tienes respuestas. ¿Pueden ellos notar que has estado con Jesús? ¿Se acercarían a preguntarte? ¿Te acercarás tú?

Conclusiones (10')

Vivir el propósito de Dios para nuestra vida vale la pena.

Si somos salvos, tenemos al Espíritu Santo dándonos poder para ser testigos.

Tomen un tiempo para orar con gratitud por el Espíritu Santo y el poder que nos da para cumplir nuestra misión. Oren por valentía para sostener conversaciones espirituales en los próximos días. Oren por las personas con quienes podrían tener esas conversaciones.

Quizás el grupo puede elaborar una lista de "Los más buscados". Esta lista contiene los nombres de las personas con quienes procurarán entablar conversaciones acerca del Evangelio. Es una lista para orar, y rendir cuentas de las iniciativas que cada uno está tomando.

Entrega a cada participante una copia de Lecturas en Hechos, parte 1 en www.e625.com/lecciones

Lección 29 › HECHOS 8-12

La comunidad de cristianos -la iglesia- cada vez está creciendo más. Los discípulos están cumpliendo con el plan divino de llevar las buenas nuevas de salvación a todas partes del mundo con el poder del Espíritu Santo. Pero ya están enfrentando dificultades. Lee Hechos 6:8-7:1-60. Y si sigues leyendo Hechos 8:1-3, verás que la situación se estaba poniendo más complicada.

¿Recuerdas cuál es el plan de Dios? ¿A dónde había que llevar las buenas nuevas? ¿En dónde había que hacer discípulos? Repasa Mateo 28:19; Hechos 1:8.
Ahora lee Hechos 8:4-8, ¿1ué te llama la atención de estos versículos? Ves cómo ya el evangelio llegó a Samaria. A partir de este capítulo, inician los encuentros transculturales. Todo sucedió porque, aunque enfrentaron dificultades como muerte, persecución, cárcel, ser separados, no se rindieron. Tenían claro que vivían por una misión que cumplir, y para ello, estaban llenos del Poder divino.

Luego sucede algo totalmente inesperado -pero ¿no es así como suele Dios obrar? ¡Sus planes son sorprendentes! Sin duda alguna no es la forma en la que nosotros obraríamos. Lee Hechos 9:1-22. ¿Qué es lo sorprendente? ¿Ahora hasta dónde estaba llegando el evangelio debido a la conversión y llamado de Saulo?

Así como Herodes el Grande trató de matar a Jesús siendo él un bebe, también su nieto Herodes en Hechos 12 está tratando de destruir a la iglesia. Los apóstoles se vuelven el blanco. Pero Dios prepara todo para que su plan se lleve a cabo.

Preguntas de introducción (10')

Luego de una breve introducción explicando en tus palabras lo que acabas de leer activa a los participantes con algunas preguntas generales.

- ¿Qué hace la mayoría de la gente cuando se enfrenta a dificultades para llevar a cabo una tarea? ¿Por qué?

Desarrollo (30')

Forma 5 equipos, y asígnale a cada uno los siguientes pasajes:

1. Felipe, los samaritanos y el etíope: Hechos 8:4-8, 26-40
2. La gran conversión: Hechos 9:1-31
3. Pedro y Cornelio: Hechos 10
4. El informe de Pedro: Hechos 11:1-18
5. Hechos 12:1-19

Recuerda a los equipos cuál es el plan de Dios, llévalos a Mateo 28:19 y Hechos 1:8. Él nunca dijo que llevar a cabo sus planes iba a ser sencillo. Sin embargo, prometió siempre estar con sus hijos y darles el poder divino para llevarlo a cabo.
Pide a cada equipo que lea el pasaje asignado y que discutan las siguientes preguntas:

1. ¿Cómo se nota en estos pasajes la misión de Dios que abarca a todas las naciones?
2. ¿Cuáles son los obstáculos enfrentaron aquellos creyentes?
3. ¿Qué hubieras hecho tú en su lugar?
4. ¿Cuál es la obra del Espíritu Santo en estas escenas?
5. ¿Qué escenarios similares vivimos hoy? ¿Cómo vamos a enfrentarlos?
6. ¿Qué lecciones aprendemos para poner en práctica hoy?

El evangelio cada vez estaba avanzando más, llegando a otras ciudades a pesar de -o gracias a- la persecución. ¿Cómo crees que reaccionaríamos si hoy viviéramos una persecución similar en nuestra ciudad?

Conclusiones (10')

- Dios siempre va a cumplir sus planes, y lo hace de manera sorprendente.
- Si estamos dispuestos, Dios se encargará que el evangelio avance y puede ser a través de nosotros.
- No debemos poner la mirada en los obstáculos sino en Dios y su plan, confiando que Él se encargará que sus propósitos sean alcanzados.

Tomen un momento para orar por la iglesia perseguida alrededor del mundo. Utiliza el video en YouTube titulado "Lista mundial de la persecución 2017" de Puertas Abiertas América Latina.

Entrega a cada participante una copia de Lecturas en Hechos, parte 2 en www.e625.com/lecciones

Lección 30 › HECHOS 13-28, PROYECTOS MISIONEROS

Llegamos a la tercera sección de Hechos. Acá encontramos la expansión del evangelio cada vez a lugares más lejanos, avanzando en ruta hacia lo último de la tierra. Algunos llaman a esta sección "el período del triunfo".

En medio de estos capítulos surge un nuevo centro de misión: Antioquía de Siria la cuál pasa de ser campo misionero a fuerza de misión.

Preguntas de introducción (10')

Luego de una breve introducción explicando en tus palabras lo que acabas de leer activa a los participantes con algunas preguntas generales.

- ¿Quién te explicó el evangelio? ¿Sabes quién le explicó el evangelio a esa persona? (Trata de ver cuál lejos puedes llegar tu "genealogía espiritual").
- ¿Qué métodos crees que son efectivos hoy para explicar el evangelio a otros? ¿Cuáles crees que ya no lo son?

Desarrollo (30')

Al ver los viajes misioneros que ocurren en esta sección del libro, encontramos luchas extraordinarias, intervenciones divinas maravillosas, adversidades, conflicto, gozo, obediencia. Aparecen algunas ciudades donde llegó por primera vez el Evangelio (y más adelante en el Nuevo Testamento encontraremos cartas de discipulado que recibieron). Se presentan algunos personajes que jugarán un papel protagónico en el desarrollo de la iglesia. En pocas palabras, ¡esta es una sección llena de acción!
Por ello, ¿qué mejor que unirnos a ella?

Entrevista

¿Tu iglesia está involucrada en proyectos transculturales? De ser así, puede ser muy enriquecedora una entrevista en vivo con alguno de los involucrados. Procura coordinar los horarios con ellos, para que puedan sincronizar el momento de conectarse.

En esta entrevista, conversen acerca de:

1. ¿Qué te impulsó a ir a esa parte del mundo a trabajar en el ministerio?
2. ¿Cuán difícil fue tomar esa decisión?

3. ¿Crees que todo mundo debe tomar decisiones así?
4. ¿Qué luchas enfrentas actualmente para cumplir tu misión?
5. ¿En qué formas ves el poder del Espíritu Santo hoy?
6. ¿Qué le dirías a nuestro grupo para que se involucre activamente en la misión aquí, allá, ahora?
7. ¿Cómo podemos orar por ti?

En un paso más allá, si consideras oportuno, pueden recoger una ofrenda especial para apoyar este proyecto.

Investigación
Un recurso que está a nuestro alcance para inspirar y apoyar en el llamado al ministerio transcultural son las agencias misioneras. Estas organizaciones son un gran soporte para aquellos que emprenden proyectos fuera de sus fronteras. Son organizaciones especializadas en envío de personas a otras regiones del mundo; son un canal de comunicación para el sostenimiento integral de los involucrados. También fungen como enlace entre el trabajo ministerial en los lugares remotos con la iglesia local.

Quizás tu iglesia tiene ya cercanía con algunas agencias misioneras, o tu misma denominación posee algún departamento así. Si no, localiza en tu país a estas organizaciones. Establece contacto con ellos para que puedan visitar tu grupo y exponer el trabajo que hacen. O bien, podrías arreglar una entrevista telefónica durante la reunión.

El objetivo es informar acerca de lo que estas agencias ofrecen, de tal manera que se despierte el interés en los miembros del grupo. Así que, un poco de información clara desafiante es mucho mejor que tratar de cubrir todos los aspectos y perder a la audiencia (no solo aburrirles, sino ahuyentarles).

Tal vez podrías lograr que representantes de algunas agencias vengan al grupo y cuenten historias, y brinden algún material a los miembros del grupo. No te desanimes si ninguno ese día toma el reto de abandonar lo que tienen por ir a la jungla. Ese no es el objetivo (aunque tal vez podrías enviar a algunos). Lo importante es conocer e informarse. Para algunos, más adelante en su recorrido, el Señor usará elementos para inquietarles con proyectos así. Ya sabrán dónde encontrar apoyo; ya sabrán con quien pueden contar.

Acción
Viajes a otras culturas podrían requerir esfuerzos muy grandes. Tenlos en la mira. Inclúyelos en tus planes futuros. Pero empieza ya con pasos pequeños.
Invita a tu grupo a planificar una visita transcultural en tu ciudad. Quizás tengas

contacto o está a la mano establecerlo con alguna organización que trabaje con niños en riesgo, o bien un hogar de ancianos. Orfanatorios, hospitales, personas de la calle, escuelas en áreas rurales podrían ser también lugares donde tu grupo puede dar pasos fuera de su zona de comodidad.

Estos proyectos pueden durar desde un par de horas, hasta un día completo. Son avances muy significativos, que te permitirán construir luego proyectos de un fin de semana, de varios, días, incluso semanas. Además, poco a poco podrían ir más lejos, a otras ciudades o pueblos, a otros países. Paso a paso el reto es mayor. Paso a paso la fe que requiere es mayor.

Así que, entrégale al grupo el reto de organizar un proyecto para implementar en los próximos días. Quizás ayude que ya tengas pensado el lugar y el horario. Pide al grupo que defina qué cosas pueden hacer en dicha visita para traer esperanza con el evangelio. Piensen en formas a su alcance de crear un programa, que facilite conversaciones espirituales. El programa podría incluir canciones, manualidades, testimonios, dramas, juegos, preparar una comida, entregar ropa o medicina, algún servicio o trabajo físico, y mucho más. Esta es solo una parte, pues lo más importante se enfoca en pláticas uno a uno o en grupos pequeños sobre temas espirituales. Recuérdales que no es acerca de un dialogo que memorizamos, ni responder todas las dudas, ni bombardear con todos los textos posibles. Es un intercambio, un aprendizaje mutuo, una conversación sobre temas espirituales.

Delega al grupo la organización de los aspectos logísticos de este proyecto, y afinen lo relacionado a finanzas y otros aspectos.

Aunque en una tarde no podemos resolver todos los problemas de aquellos que visitamos, y tampoco podemos darle todo lo que necesitan, podemos dejar una huella indeleble. Una palabra, un plato de comida, una prenda de vestir puede brindar esperanza. Sin lugar a dudas, la huella más grande, quedará en nuestro corazón.

Conclusiones (10')

La misión no es una sugerencia sino un mandamiento. La Iglesia de Cristo debe alcanzar al mundo perdido hasta lo último de la tierra y todos los cristianos tenemos nuestra responsabilidad en eso. El libro de los Hechos debe continuar en nosotros. Cierra la clase de hoy orando por el mundo necesitado de Cristo y por la compasión, obediencia y valentía necesaria en tu grupo para hacer avanzar la misión.

Entrega a cada participante una copia de Lecturas en Hechos, parte 3 en www.e625.com/lecciones

Lección 31 > HECHOS 13-28, EL APÓSTOL PABLO

La última parte del libro de los Hechos tiene un protagonista. Saulo tuvo un encuentro con Dios y el rumbo de su vida cambió para siempre. Pasó de perseguir, encarcelar y matar cristianos a ser uno de los seguidores de Jesús más influyentes. Tal como Dios se lo adelantara a Ananías (Hechos 9:15-16) le predicaría el mensaje de salvación tanto a reyes como a gente común. Saulo fue decididamente un apasionado por Dios que se embarcó en un viaje de por vida para cumplir la misión para la cual fue llamado.

Preguntas de introducción (10')

Luego de una breve introducción explicando en tus palabras lo que acabas de leer activa a los participantes con algunas preguntas generales.

1. ¿Cuál fue el viaje más largo que has hecho en tu vida?
2. ¿Cuál sería un viaje que te gustaría hacer? ¿Qué tan largo sería? ¿Cuántas paradas harías y por qué en esos lugares?
3. ¿A quién llevarías contigo en esos viajes si pudieras y por qué?

Esta última sección del libro de los Hechos está marcada por los viajes misioneros y las ciudades visitadas en ellos. La conversión de Saulo fue sin duda un hecho clave; inesperado por su odio y persecución a los cristianos y determinante para el posterior crecimiento y extensión de la iglesia. Cuando recorras estas páginas asistirás al puntapié inicial de algo que hasta hoy jamás se detuvo y tiene que ver con el último mandamiento de Jesús: El mensaje del Evangelio recorriendo todos los rincones posibles de la tierra.

Desarrollo (30')

Este es el bosquejo de esta parte del libro de los Hechos

Capítulos 13-28: El testimonio hasta los fines de la tierra.

1 - La extensión de la Iglesia en Asia Menor y Europa: 13:1-21:17

- Primer viaje misionero de Pablo: 13:1-14:28
- El concilio de Jerusalén: 15:1-35
- Segundo viaje misionero de Pablo: 15:36-18:22
- Tercer viaje misionero de Pablo: 18:23-21:17

2 - La extensión de la Iglesia en Roma: 21:18-28:31
- Los Juicios de Pablo: 21:18-26:32
- Pablo predica el evangelio en Roma: 27:1-28:31

Lectura grupal: Lee en voz alta para todos Hechos 13:1-5. Cuéntales a los jóvenes que de esa manera empezaba lo que nadie en ese momento imaginaba: La actividad de uno de los misioneros más significativos de la historia. Muchos viajes, pero sobre todo ciudades y personas que se encontrarían con Dios por una historia tan particular como la de Pablo.

Dinámica

Divide a tus jóvenes en pequeños grupos de 5 a 7 personas. De no ser posible que haya en cada pequeño grupo un líder que cumpla el rol de moderador, encárgate de que un integrante de cada grupo tenga las siguientes preguntas que servirán como disparadores para charlar acerca del tema de hoy. Toma aproximadamente 10 minutos para cada uno de los 3 puntos y haz todo lo que esté a tu alcance para que los jóvenes hablen y emitan sus opiniones.

1 - Dios puede impactar corazones duros
- ¿Tienes amigos o conocidos con mucho conocimiento y formación que se oponen firmemente a la fe y a los que te cuesta imaginarlos cristianos? Describe su perfil.
- En tu opinión, ¿cuál sería la mejor estrategia para compartirles el Evangelio?
- Si ellos llegaran a tener un encuentro importante con Dios, ¿crees que serían herramientas útiles en contagiar y propagar el mensaje de la cruz?

2 - Dios llama a las personas a servirlo
- ¿Dios tiene una sola forma de llamar a las personas? Trata de recordar diferentes llamados de Dios a personas en la Biblia.
- ¿Conoces personas que definitivamente han entendido cuál es el llamado de Dios para sus vidas? Comenta detalles que te llaman la atención acerca de ellos.
- ¿Eres una persona que tiene claro el propósito de Dios para su vida?

3 - Dios no busca súper héroes
- Cuando piensas en Dios llamando a alguien para una misión especial, ¿qué tipo de perfil te imaginas que debería tener esa persona?
- ¿Crees que Dios puede usarte tal cual eres?
- ¿Existirán personas que no estén dispuestas a aceptar la misión que Dios les encomiende? ¿Qué harías tú?

Conclusiones (10')

Luego del tiempo en grupos vuelve a tomar la conducción desde el frente y con tus palabras prepara un micro mensaje que afirme los temas tratados. Aquí tienes algunas ayudas:

Saulo era una de esas personas que uno diría que jamás podrían convertirse al cristianismo. Por los poros le salían odios y amenazas, pero Dios le salió al encuentro y lo transformó. El Señor hizo que Pablo canalizara toda su personalidad, conocimiento, pasión y firmeza para ser un verdadero titán del Evangelio que le predicó a miles de personas y plantó decenas de iglesias.

De la misma manera Dios puede ablandar el corazón de cualquier persona, incluso de esos amigos nuestros a los que hoy nos costaría mucho imaginarlos con el corazón lleno del amor de Jesús. Debemos compartir el mensaje con quienes nos rodean porque nunca sabemos los instrumentos especiales y elegidos que Dios tiene para alcanzar a muchas más personas.

Pablo y otros discípulos contemporáneos suyos fueron los primeros misioneros cristianos, pero a lo largo de la historia fueron muchos quienes llevaron la palabra de Salvación al mundo entero. Miles de ellos han sufrido, algunos han muerto en tierras desconocidas y lejos de sus familias por causa del Evangelio. Al igual que Jesús, ellos entregaron su vida por llevar la salvación a quienes de otra manera nunca lo hubieran conocido, como podría ser nuestro caso.

Hoy en día el Señor sigue llamando hijos suyos dispuestos a sumarse a esta gran empresa que Jesús nos encargó antes de irse de esta tierra: la de llenar todos los rincones del mundo con su Palabra, con su amor y su salvación. ¿Cómo nos vemos en este sentido? ¿Estamos haciendo lo que está a nuestro alcance para brillar con la luz de Cristo? ¿Tendrá Dios planes para enviarnos a algún lugar diferente al que estamos hoy?

Puedes cerrar con una oración para que ninguno de los jóvenes sea indiferente a la necesidad espiritual de quienes nos rodean. Podrías usar como apoyo alguna canción como "Si no lo hago yo" de Marcos Witt o alguna similar.

Entrega a cada participante una copia de lecturas en Hechos, parte 4 desde www.e625.com/lecciones

Lección 32 › SANTIAGO

La epístola de Santiago empieza como una carta y termina más bien como un sermón. Se parece más a una colección de mensajes de un pastor que conoce muy bien a su congregación. Se cree que el autor fue el medio hermano de Jesús (Mar. 6:3) y su contenido está enfocado en que los cristianos realmente practiquemos lo aprendido y no nos quedemos solo en palabras. Es una carta rica en muchos temas que siempre serán actuales y que hacen al caminar cotidiano de una persona con Dios.

Preguntas de introducción (10')

Luego de una breve introducción explicando en tus palabras lo que acabas de leer activa a los participantes con algunas preguntas generales.

> 1 – ¿Eres de mirarte mucho en el espejo? ¿Podrías contar cuántas veces al día lo haces?
> 2- ¿Te imaginas cómo sería la vida actual sin espejos? Descríbela.
> 3- ¿Qué se te ocurre que sucedería si se te permitiera solo mirarte en el espejo, pero no acomodarte nada ni en tu pelo, ni en tu rostro ni en tu ropa?

En esta carta de la Biblia, entre otros temas, se nos invita a mirarnos en el espejo, pero no quedarnos solo con esa información recibida, sino por el contrario actuar en consecuencia arreglando lo que no está bien.

Desarrollo (30')

Este es el bosquejo del libro para que puedas ubicarte en el contexto de cada tema y para que puedas estudiarlo con anterioridad a la clase.

Bosquejo de los temas de la carta

1. Las pruebas 1:2-1-8
2. La perseverancia en el sufrimiento: 1: 9-12
3. La tentación: 1:13-18
4. La práctica de la palabra: 1:19-27
5. El amor imparcial: 2:1-13
6. Las obras justas: 2:14-26
7. La lengua: 3:1-12
8. La sabiduría: 3:13-18
9. Los deseos y pasiones: 4:1-12

10. La dependencia en humildad: 4:13-17
11. La justicia: 5:1:6
12. La paciencia con fe: 5:7-11
13. La veracidad: 5:12
14. La oración: 5:13-18
15. El regresar a un perdido: 5:19-20

Dinámica grupal:
Divide a tus jóvenes en pequeños grupos de 5 a 7 personas. De no ser posible que haya en cada pequeño grupo un líder que cumpla el rol de moderador, encárgate de que un integrante de cada grupo tenga las siguientes preguntas que servirán como disparadores para charlar acerca del tema de hoy. Toma aproximadamente 10 minutos para cada uno de los 3 puntos y has todo lo que esté a tu alcance para que los jóvenes hablen y emitan sus opiniones.

1 - Cuando nuestra fe es probada. Lean Santiago 1: 2-4
- ¿Qué circunstancias difíciles en la vida pueden ser pruebas para nuestra fe?
- ¿De qué manera una tentación se transforma en una prueba para lo que creemos?
- ¿Cómo un regalo, una bendición o algo bueno de parte de Dios para nosotros podría transformarse en una prueba para nuestra fe?

2 - Aprender, pero no practicar. Lean Santiago 1:22-25
- ¿En qué sentido la Biblia termina convirtiéndose en un espejo para nuestra vida?
- ¿Qué pasos prácticos y concretos podríamos dar para no convertirnos en simples oidores de la Palabra de Dios?
- ¿Qué efectos negativos contagia un simple oidor de la Palabra y qué efectos positivos contagia un hacedor de ella?

3 - La fe y las obras. Lean Santiago 2:14-19
- ¿Se pueden hacer buenas obras sin tener fe? ¿Conoces gente buena que no tiene a Dios?
- ¿Se puede tener fe sin obras? ¿Conoces gente que sabe mucho y vive lo contrario?
- ¿Cuál es la mejor manera de demostrar nuestra fe y probar que es genuina?

Conclusiones (10')

Una de las principales razones por las que la gente no quiere acercarse a Dios hoy en día es por la gran brecha que observan entre lo que muchos cristianos dicen creer y lo que realmente viven. Más allá de las intenciones de cada uno, esto se suele resumir en una dura y categórica palabra: hipocresía.

Nadie quiere ser hipócrita, pero si no prestamos especial atención a nuestros hechos y actitudes, y no nos ocupamos en que todo aquello que creemos, sostenemos y hasta enseñamos se note en nuestra manera de vivir, estaremos cayendo ni más ni menos en eso que condenamos de otras personas. Y como si eso no fuera suficiente, nuestra falta de coherencia seguirá alejando de Dios a quienes nos ven caminar de cerca.

En una época en la que la sociedad ya casi no tiene tolerancia para la falsedad y el doble discurso, nosotros los cristianos somos exhortados por Santiago a vivir lo que creemos y a poner en práctica lo que escuchamos.

La Biblia cumple la función de un espejo que nos muestra la realidad de nuestro corazón. ¿Qué haremos al respecto? ¿Seguiremos adelante de la misma forma solo que con más información?

Hoy termina con la lectura de Santiago 2:26. "Así como el cuerpo sin el espíritu está muerto, la fe sin obras es muerta".

Entrega a cada participante una copia de lecturas en Hechos, parte 4 desde www.e625.com/lecciones

Lección 33 > GÁLATAS

La carta de Gálatas fue escrita por Pablo para las iglesias de la zona o región de Galacia que tenían miembros judíos y no judíos (gentiles). En un principio habían entendido la gracia de Dios y el origen de la salvación, pero ahora muchos maestros querían imponer a los no judíos la ley judía como requisito para convertirse en cristianos, más específicamente, querían imponer la circuncisión a los hombres. Como los Gálatas estaban creyendo en la necesidad de este proceso, Pablo les escribe para defender la justificación por la fe. El tema central del libro es la libertad en Cristo vs. el legalismo de la tradición y la ley.

Preguntas de introducción (10')

Luego de una breve introducción explicando en tus palabras lo que acabas de leer activa a los participantes con algunas preguntas generales.

1. ¿Cuáles pueden ser algunos ejemplos de cosas que empiezan bien pero que terminan mal?
2. ¿Te animas a contar alguna anécdota que te haya ocurrido a ti en este sentido?
3. ¿Qué recaudos habría que tomar para no descuidarnos en el proceso y que algo termine muy distinto a como lo empezamos?

La situación de los Gálatas en el momento de recibir esta carta mostraba que habían arrancado muy bien su caminar con Dios, pero al transcurrir algún tiempo y con la mala influencia de personas que los presionaban, estaban viviendo su cristianismo desenfocados y presos de costumbres y tradiciones que nada tenían que ver con lo que Dios les pedía.

Desarrollo (30')

Podemos estructurar el libro de Gálatas de la siguiente manera:

1. Personal - El apóstol de la justificación por la fe: (1:1-2:21).
2. Doctrinal - Los principios de la justificación por la fe: (3:1-4:31).
3. Práctica - Los privilegios de la justificación por la fe: (5:1-6:18).

Dinámica grupal:

Divide a tus jóvenes en pequeños grupos de 5 a 7 personas. De no ser posible que haya en cada pequeño grupo un líder que cumpla el rol de moderador, encárgate de que un integrante de cada grupo tenga las siguientes preguntas que servirán como disparadores para charlar acerca del tema de hoy. Toma aproximadamente 10 minutos para cada uno de los 3 puntos y haz todo lo que esté a tu alcance para que los jóvenes hablen y emitan sus opiniones.

1 - Esclavitud vs. Libertad

- ¿Qué imágenes te vienen a la mente si piensas en esclavitud?
- Nombra lo primero que pasa por tu cabeza cuando se nombra la palabra libertad.
- Menciona ejemplos actuales de esclavitud y de libertad que podrían aplicarse a la manera de vivir nuestro cristianismo hoy en día.

2 - El legalismo y las tradiciones

- ¿Cómo podríamos distinguir un mandamiento o principio divino de una simple tradición?
- ¿Por qué crees que muchos cristianos caen presos de costumbres y tradiciones que no tienen base bíblica?
- ¿Podemos usar tan mal la libertad que Dios nos dio como para terminar alejándonos de Él sin haberlo planeado? Da algunos ejemplos.

3 - Alimentando al Espíritu a nuestra naturaleza pecadora. Lean Gálatas 5:19-26

- ¿Cómo explicarías con tus palabras que obedecer a Dios te trae libertad y desobedecerlo te esclaviza?
- ¿En qué cosas y de qué maneras podemos alimentar a nuestra vieja naturaleza para que esta nos domine?
- ¿De qué forma concreta podemos alimentar al Espíritu Santo dentro nuestro, no para esclavizarnos con costumbres sino más bien para disfrutar la libertad que Dios trae?

Conclusiones (10')

Piensa en aquellas cosas que te están esclavizando y no te dejan disfrutar de la libertad en Cristo. Pueden ser costumbres, tradiciones (como en el caso de los Gálatas), obsesión en agradar a otras personas o un cristianismo mal aprendido que se limita a cumplir un reglamento de manera religiosa.

También puede ocurrirte que estés sembrando y alimentando tu vieja naturaleza pecaminosa, que es aquello a lo que naturalmente tendemos y estamos inclinados, a menos que voluntaria e intencionalmente tomemos acción en dejarnos guiar por el Espíritu Santo nutriendo la vida de Dios en nosotros.

El diablo y el mundo son especialistas en disfrazar de bueno aquello que es malo y lentamente cegarnos para hacernos esclavos de pecados que solo nos dañan y alejan del hermoso plan de Dios para nosotros.

A veces terminamos siendo esclavos de nuestros propios razonamientos equivocados, como podrían ser: complejos innecesarios, exagerada atención en nosotros mismos, una dosis alta de orgullo y egoísmo o una autoestima afectada por constantes comparaciones enfermizas con los demás, entre otras cosas.

Dios vino a nuestra vida a traernos libertad de cualquier cosa que pretenda atarnos. Él es nuestro Señor y no necesitamos ningún otro amo que se adueñe de nuestras decisiones y voluntad. El propósito divino para nuestra vida es lo mejor que nos puede pasar para disfrutar una vida de libertad y plenitud. Trabajemos para sembrar en eso y no en satisfacer nuestros deseos naturales.

Entrega a cada participante una copia de Lecturas de Gálatas que descargas en www.e625.com/lecciones

Lección 34 › 1 Y 2 TESALONICENSES

El autor de las dos cartas a la iglesia en Tesalónica fue Pablo y con él estaban sus colaboradores y compañeros de viaje Silvano y Timoteo. Se cree que las escribió mientras estaban en Corinto entre el año 51 y 52 d.C. En estas epístolas Pablo trata el tema de la esperanza en Cristo, su segunda venida y sus efectos. También encontramos estudiando ambas cartas, exhortaciones que siguen siendo pertinentes hoy para mantener firme la esperanza y para vivir de manera madura y correcta, y en algunas de ellas nos enfocaremos en esta lección.

Preguntas de introducción (10')

Luego de una breve introducción explicando en tus palabras lo que acabas de leer activa a los participantes con algunas preguntas generales.
¿Alguna vez compraste algo gastando a cuenta de un dinero que habían prometido darte? ¿Qué hubiera sido lo más aconsejable en ese sentido?
Si te dijeran que pronto conseguirás un mejor trabajo, pero no te especifican bien cuándo, ¿dejarías tu trabajo actual para dedicarte solo a esperar el nuevo?
Algunos tesalonicenses mal influenciados por falsas revelaciones, estaban abrazando con tanto entusiasmo la esperanza de la segunda venida de Jesús a la tierra, que habían empezado a desordenarse al punto de abandonar sus responsabilidades y dejar sus trabajos para dedicarse solo a esperar al Señor. Pablo tiene que exhortarlos en la segunda carta explicándoles que el Señor todavía no ha venido y llega a decirles: "El que no quiera trabajar que tampoco coma..."

Desarrollo (30')

El bosquejo de estas epístolas podría ser el siguiente:

1. 1° Tesalonicenses:
2. Saludo de Pablo: 1:1
3. Reflexiones personales: 1:2-3:13
4. Instrucciones prácticas de Pablo: 4:1-5:22
5. Bendición final: 5:23-24
6. Comentarios finales: 5:25-28

2° Tesalonicenses:

1. Saludo de Pablo: 1:1-2
2. Consuelo de Pablo en la persecución: 1:3-12
3. Advertencia y exhortación a la perseverancia: 2:1-17
4. Las enseñanzas en acción: 3:1-15
5. Saludos finales: 3:16-18

Dinámica grupal:
Divide a tus jóvenes en pequeños grupos de 5 a 7 personas. De no ser posible que haya en cada pequeño grupo un líder que cumpla el rol de moderador, encárgate de que un integrante de cada grupo tenga las siguientes preguntas que servirán como disparadores para charlar acerca del tema de hoy. Toma aproximadamente 10 minutos para cada uno de los 3 puntos y haz todo lo que esté a tu alcance para que los jóvenes hablen y emitan sus opiniones.

1) La segunda venida del Señor. Lean 1 Tesalonicenses 4:13-5:3
- ¿Qué sensaciones te genera la segunda venida de Cristo a la tierra?
- ¿Qué habrá querido decir Pablo cuando afirmó que Jesús vendrá como ladrón en la noche?
- No podemos dedicarnos solo a esperar la segunda venida de Jesús, por el contrario, debemos enfocarnos en aprovechar bien el tiempo. ¿Qué ejemplos podrías dar de ello?

2) Contentos y agradecidos. Lean 1 Tesalonicenses 5:16-18
- ¿Por qué la mayoría de la gente no vive ni contenta ni agradecida?
- ¿Crees que es posible vivir "siempre" gozosos y dar gracias "en todo"? ¿Qué habrá querido decir Pablo?
- ¿En qué te parece que se relacionan la gratitud con la felicidad?

3) Orando sin cesar
- ¿Podrías explicar con tus palabras de qué se trata en tu opinión esto de orar sin cesar?
- ¿Cuáles son a tu parecer las principales razones por las que no oramos más?
- ¿Qué cosas concretas podríamos hacer para disfrutar más el conversar y charlar con Dios?

Conclusiones (10')

La venida del Señor es la esperanza más gloriosa que tenemos como cristianos. Saber que eso ocurrirá, lejos de llevarnos a la pasividad y al aislamiento nos debe impulsar a hacer todo lo que esté a nuestro alcance para cumplir la voluntad de Dios. Preparándonos, estudiando y trabajando para ser verdaderos reflejos de la luz de Dios en la sociedad que nos toca vivir.

Deberíamos esperar la segunda venida como si fuera a ocurrir esta misma noche, pero a la vez deberíamos planificar y trabajar como si el Señor volviera dentro de muchos años…

El ser agradecidos nos ayuda a valorar y a disfrutar cada una de las cosas que Dios nos da. Debemos cultivar esta actitud para que se transforme en un verdadero estilo de vida. El estar siempre alegres y gozosos tiene mucho más que ver con cómo somos que con lo que verdaderamente tenemos.

Tanto la gratitud como la queja son altamente contagiosas. Tengamos esto en cuenta a la hora de elegir nuestras relaciones y también para reflexionar sobre el mensaje que estamos dando.

Cierra con un tiempo de oración de a dos.

Entrega a cada participante una copia de lecturas en Tesalonicenses desde www.e625.com/lecciones

Lección 35 > 1 CORINTIOS

Como dice el primer versículo de la carta, el autor es Pablo. Probablemente la escribió a mediados del año 55 d.C. desde la ciudad de Éfeso en su tercer viaje misionero. Pablo esperaba visitarlos pronto. La carta a la iglesia en Corinto se centra en ayudar a los creyentes a ser maduros en Cristo, a corregir algunas falsas enseñanzas que se entremetían en la iglesia recordándoles el sacrificio en la cruz y especialmente la resurrección de Jesús para santificación de los creyentes en Cristo.

Preguntas de introducción (10')

Luego de una breve introducción explicando en tus palabras lo que acabas de leer activa a los participantes con algunas preguntas generales.

1. ¿Qué es una iglesia?
2. ¿Qué tipo de gente forma una iglesia?
3. ¿La iglesia es perfecta? ¿Por qué no? ¿Cómo sería una iglesia perfecta?

En la iglesia de Corinto había varios líderes, quizás hoy los llamaríamos pastores o ancianos, y la gente de la iglesia hacia comparaciones y diferencias (sí, ya ocurría también en aquella época). Pablo les recuerda la esencia de la iglesia y aprovecha la carta también para tocar otros temas, en algunos de los cuales nos enfocaremos en esta lección.

Desarrollo (30')

A la carta a los Corintios la podemos bosquejar de la siguiente manera:

1. Introducción: 1:1-9
2. División en la iglesia: 1:10-4:21
3. Desórdenes en la iglesia: 5:1-6:20
4. Dificultades en la iglesia: 7:1-14:40
5. La esperanza de la iglesia, la resurrección: 15:1-58
6. Un cargo a la iglesia, asuntos prácticos y personales: 16:1-24

Dinámica grupal

Divide a tus jóvenes en pequeños grupos de 5 a 7 personas. De no ser posible que haya en cada pequeño grupo un líder que cumpla el rol de moderador, encárgate de que un integrante de cada grupo tenga las siguientes preguntas que servirán como disparadores para charlar acerca del tema de hoy. Toma aproximadamente 10 minutos para cada uno de los 3 puntos y haz todo lo que esté a tu alcance para que los jóvenes hablen y emitan sus opiniones.

1 - Sexualidad. Lean 1 Corintios 6:18-20

- ¿Por qué la idea que Dios sigue sosteniendo acerca del sexo queda tan a contramano de lo que promueve la sociedad actual?
- ¿Qué particularidades tiene un pecado de inmoralidad sexual respecto de otros pecados?
- ¿Qué implicancias tiene el hecho de que nuestro cuerpo sea templo del Espíritu Santo en nuestra sexualidad y en otros temas referidos a nuestro físico?

2 - Muchos miembros, un solo cuerpo. Lean 1 Corintios 12:14-26

- ¿Qué similitudes encuentras entre los miembros del cuerpo humano y los miembros de una iglesia? ¿Por qué habrá querido Dios que Pablo use este ejemplo?
- ¿Cuáles son los motivos que pueden hacer que muchos cristianos no se sientan unidos con el resto del cuerpo que es la iglesia?
- ¿Cuál debería ser nuestra mirada y nuestra actitud para aquellos hermanos en la fe que no piensan igual que nosotros?

3 - Amor verdadero. Lean 1 Corintios 13

- ¿Cuáles características del amor descripto en este capítulo te parecen más difíciles de encontrar hoy en día?
- ¿No te parece demasiado que Dios en la Biblia tener esta clase de amor? ¿Por qué?
- Enumera algunas razones por las cuales a muchos cristianos les cuesta plasmar este amor verdadero en sus relaciones primarias como pareja y familias.

Conclusiones (10)

En la iglesia todos necesitamos de todos. Como sucede en un cuerpo no todos los miembros podemos hacer lo mismo, incluso no todos tenemos las mismas capacidades, talentos y dones otorgados por Dios. Lo importante es que nunca olvidemos que solo somos una parte de un todo y que la cabeza de ese todo es Cristo.

Necesitamos líderes, pastores y maestros, pero también necesitamos de todos los demás miembros para la otra gran cantidad de cosas que la iglesia debe hacer. Debemos vivir en armonía y en sujeción al verdadero gobierno de la iglesia que es divino. Las divisiones, las comparaciones, los desprecios, las envidias solo denotan inmadurez espiritual. Nunca nos involucremos en cosas similares.

Lo que Pablo menciona como un camino más excelente es un gran antídoto para que no ocurran los desvíos recién mencionados: El amor. El verdadero amor que no es egoísta, que no es orgulloso ni rencoroso y que se alegra con la verdad debe ser el vínculo que nos una en la iglesia y en el servicio al Señor. De lo contrario, lo que hagamos para Dios será en vano.

Esta clase de amor es la que tenemos que brindar a todos nuestros seres queridos. Esposos, hijos, familiares y amigos. Un hijo de Dios que representa bien a su Padre Celestial ama con esta clase de amor muy diferente a las versiones de "amor" que se presentan en la actualidad.

Nuestros cuerpos son templo del Espíritu Santo. Por eso nuestra sexualidad no es un tema menor para Dios.

El cuidado de nuestro cuerpo no se reduce solo a una vida sexual obediente a Dios. Hoy contamos con suficiente información acerca de cómo cuidar saludablemente nuestros cuerpos. Ser responsables en esa área también honra a Dios.

Cierra la lección orando por tus jóvenes, para que puedan mantenerse puros para Dios y puedan ocupar el lugar justo que Dios pensó para ellos dentro del cuerpo que es la iglesia. Y que puedan ser fieles exponentes de la versión original que propone Aquel que es amor en sí mismo.

Entrega a cada participante una copia de Lecturas de 1 Corintios que descargas en www.e625.com/lecciones

Lección 36 › 2 CORINTIOS

A esta segunda carta a los Corintios Pablo la escribe aproximadamente un año después de la primera. Falsos profetas se habían entrometido en la iglesia de Corinto y levantaron a los hermanos en contra de Pablo, por lo cual el apóstol fue inmediatamente a visitarlos. Su visita no resultó bien ya que Pablo no fue tratado como se lo merecía. Pablo regresó a Éfeso y desde allí les escribe con claridad y en los casos que fue preciso, con la dureza necesaria.

Esta es una carta intensamente personal de una batalla contra quienes atacaban su misión y autoridad. Sin embargo, Pablo no deja de enseñarles con el corazón en la mano.

Preguntas de introducción (10')

Luego de una breve introducción explicando en tus palabras lo que acabas de leer activa a los participantes con algunas preguntas generales.

1. De los mensajes inspiradores que suelen aparecen en las redes sociales, ¿te gustó alguno lo suficiente como para recordarlo? ¿Por qué?
2. ¿Alguna vez inventaste alguno? ¿Lo podrías decir en voz alta?
3. En algún momento especial que te tocó vivir, ¿Te ayudó el recordar y pensar en esas frases que alientan a otros?

Nota: *por las dudas que tu grupo no tenga a mano respuestas o no las recuerde, puedes buscar en las redes sociales frases de inspiración y puedes ponerlas como ejemplo o incluso modificar tus preguntas y enfocarlas en esas frases.*

Pablo se ha ido de la ciudad de Corinto triste por algunos enfrentamientos; su primera carta había sido algo dura y en su regreso a Roma decide no volver a parar en Corinto porque todavía estaba algo lastimado y no quería actuar por impulso. Entonces les vuelve a escribir una carta llena de sentimiento y amor. Tanto es así que podríamos hacer un sinfín de memes o frases inspiradoras de esta carta. Ya lo verás cuando la leamos durante la semana.

Desarrollo (30')

La segunda carta a los corintios podría bosquejarse así:

1. Introducción: 1:1-11
2. El ministerio de Pablo: 1:12-7:16

3. La colecta: 8:1-9:15
4. Las credenciales: 10:1-12:13
5. La visita: 12:14-13:10
6. La bendición: 13:11-14

Dinámica grupal

Divide a tus jóvenes en pequeños grupos de 5 a 7 personas. De no ser posible que haya en cada pequeño grupo un líder que cumpla el rol de moderador, encárgate de que un integrante de cada grupo tenga las siguientes preguntas que servirán como disparadores para charlar acerca del tema de hoy. Toma aproximadamente 10 minutos para cada uno de los 3 puntos y haz todo lo que esté a tu alcance para que los jóvenes hablen y emitan sus opiniones.

1 - Resolviendo los conflictos. Lean 2 Corintios 2:5-11

- ¿Estuviste enemistado alguna vez con alguien y esa separación duró mucho tiempo? ¿Cómo lo resolviste finalmente?
- Describe a una persona conflictiva. Alguien que suele tener problemas con los demás en cualquier lugar donde se encuentre.
- ¿Cuál sería la forma en la que un cristiano debería encarar los conflictos siguiendo el ejemplo de Pablo en esta carta?

2 - Hacedores de paz

- Nombra algunas formas concretas de instalar la paz en una época en la que las guerras, las peleas y las divisiones están en cada orden de la vida cotidiana
- ¿Cómo puedo ser un instrumento para que la paz de Dios llegue a los corazones de los que aún no le conocen?
- ¿De qué manera Dios podría usarnos para que seamos pacificadores dentro de la iglesia?

3 - Reconciliación. Lean 2 Corintios 5:18-20

- ¿Qué tiene que ocurrir en una relación para que dos partes distanciadas se reconcilien?
- ¿Qué es lo que más nos suele costar a la hora de ir a pedir perdón o tener que perdonar a alguien?
- ¿Cómo describirías nuestro rol de embajadores y encargados del ministerio de la reconciliación que se nos asigna en este pasaje?

Conclusiones (10')

Luego del tiempo en grupos vuelve a tomar la conducción desde el frente y con tus palabras prepara un micro mensaje que afirme los temas tratados. Aquí tienes algunas ayudas:

Pablo le escribió a la iglesia de Corinto luego de haber tenido algunos intercambios de opiniones difíciles, pero en amor él les dijo cómo se sentía y cómo el conocimiento en el Señor los unía y los restauraba. Les recordó qué cosas son importantes y cuáles no.

En su última visita no le había ido muy bien con algunos de los miembros de la iglesia en aquella ciudad. Pero Pablo no se quedó tranquilo intentando olvidarse, ni tampoco se puso en el papel de alguien que está ofendido y solo espera por la reacción de la otra parte.

El amor de Dios se reflejaba en la manera de manejarse de Pablo y él sabía que, aunque había que reprender a quienes había causado problemas, también era importante restaurarlos y volver a amarlos para mostrar el amor de Dios en ellos de manera que así pudieran aprender a caminar en la verdad.

No debemos dejar sueltas situaciones de desencuentros que nos hayan alejado de personas. Es la voluntad de Dios que en cuanto dependa de nosotros estemos en paz con todo el mundo. Revisemos si no hay temas que han quedado pendientes y procuremos restablecer toda relación que puede haber quedado dañada.

La reconciliación no solo la debemos procurar en el marco de nuestras relaciones sino también cumpliendo nuestro rol de embajadores, ayudando y facilitando que cada vez más personas se reconcilien definitivamente con Dios.

Entrega a cada participante una copia de Lecturas de 2 Corintios que descargas en www.e625.com/lecciones

Lección 37 > ROMANOS

El nombre de esta epístola nace de la naturaleza de sus destinatarios, los creyentes que estaban en la iglesia en la capital del Imperio Romano. Pablo es el autor de esta epístola y él era también un ciudadano romano, de la ciudad de Tarso. Pablo fue responsable por el esparcimiento del evangelio a lo largo del Imperio. Luego de regresar de Jerusalén a Roma fue falsamente acusado, golpeado y puesto bajo custodia romana. Luego de un corto período de libertad donde aprovechó a viajar, fue una vez más arrestado y murió como mártir en Roma alrededor del 66-67 d.C.

Pablo le escribió a la iglesia en Roma desde Corinto, alrededor del 56 d.C. Esta carta es ante todo una carta doctrinal y declara en ella que lo que justifica al humano pecador ante Dios es solo la fe en la obra de Jesús en la Cruz, que nos santifica y reconcilia con el Padre eternal.

Preguntas de introducción (10')

Luego de una breve introducción explicando en tus palabras lo que acabas de leer activa a los participantes con algunas preguntas generales.

1. ¿Alguna vez (quizás de niño) hiciste algo malo y te descubrieron? ¿Qué fue lo que hiciste y cómo se dieron cuenta?
2. ¿Alguna vez justificaste tus acciones diciendo: "si todos lo hacen"?
3. ¿Alguna vez te castigaron a ti y no a los demás, aunque todos habían hecho alguna travesura? ¿Cómo sucedió?

Todos alguna vez fuimos atrapados en uno de nuestros momentos no muy honorables y sufrimos consecuencias por ello. Muy probablemente alguna vez hayas cargado con la culpa de algo que hizo otro o que hicieron en grupo, pero todos los demás se borraron. Quizás más de una vez tú fuiste el que se borró. Todos sabemos que lo más raro sería que alguien quiera asumir la responsabilidad si no ha sido su culpa.

¿Quién haría eso? Al fin y al cabo, si alguien hizo algo malo, debe pagar su consecuencia. Pablo cuenta una historia que es al revés y en su carta a la iglesia que está en Roma les recuerda la historia más escuchada en todo el mundo, una historia de sacrificio, de castigo inmerecido y amor.

Desarrollo (30')

El bosquejo de la epístola a los Romanos podría ser el siguiente:

1. Introducción: 1:1-17
2. La Condenación - la humanidad pecadora: 1:18-3:20
3. La Justificación - la justicia de Dios: 3:21-5:21
4. La Santificación - glorificados y apartados para Dios: 6:1 -8:39
5. La Restauración - el plan de Dios: 9:1 -11:36
6. La Actitud - la conducta de la justicia de Dios: 12:1 -15:13
7. Recomendaciones, saludos y bendición final: 15:14-16:27

Dinámica grupal

Divide a tus jóvenes en pequeños grupos de 5 a 7 personas. De no ser posible que haya en cada pequeño grupo un líder que cumpla el rol de moderador, encárgate de que un integrante de cada grupo tenga las siguientes preguntas que servirán como disparadores para charlar acerca del tema de hoy. Toma aproximadamente 10 minutos para cada uno de los 3 puntos y haz todo lo que esté a tu alcance para que los jóvenes hablen y emitan sus opiniones.

1 - La realidad del pecado

- ¿Te pusiste a pensar alguna vez qué hubieras hecho en lugar de Adán y Eva si te tocaba estar en el Edén frente a la tentación?
- En tu opinión, a la gente de hoy en día, ¿le cuesta asumir y reconocer que son pecadores?
- ¿Cómo explicarías el versículo (6:23) que dice que "la paga del pecado es muerte"?

2 - Salvos por fe y no por obras. Lean Romanos 3:21-26

- ¿Cómo sería nuestra vida si la salvación se consiguiera a través de las obras que podríamos hacer?
- ¿Crees que en el cielo podría llegar a haber gente a la que no le vimos hacer mucho, y por otro lado quizás no estén otros que hicieron muchas obras? ¿Por qué?
- Santiago decía que una fe sin obras es muerta. ¿Qué opinión te merece esa afirmación?

3 - La justificación. Lean Romanos 5:1-2

- ¿Te pasó alguna vez que alguien pagara algo que te tocaba pagar a ti? ¿Puedes comentar la sensación?
- ¿Cómo le explicarías a un amigo con palabras simples, que gracias al sacrificio de Jesús en la cruz ya estamos justificados para siempre con Dios?

- ¿Cuál sería la diferencia entre vivir para agradar a un Dios que pagó mi deuda, y vivir tratando de cumplir amontonando méritos para que Dios me mire mejor?

Conclusiones (10')

La historia de la cruz ocurrió hace casi dos mil años, pero involucra a toda la humanidad. Cuando Jesús la escribía con su propia sangre, estaba pensando en ti y en mí, veía nuestras caras y sabía nuestro nombre, por eso no se bajó de la cruz. Sabía que su sacrificio valía la vida de sus amigos y la de toda la humanidad por el resto de la existencia humana.

Que el justo haya pagado por los injustos escapa a toda lógica humana, pero el amor incondicional de Dios no tiene límites. Parece mentira, pero alguien apareció en escena y pagó totalmente una deuda que jamás hubiéramos podido pagar y gracias a ese sacrificio Dios nos ve justos si depositamos nuestra fe en Jesús y en lo que Él logró en esa cruz para nosotros.

Nuestras buenas obras jamás podrán salvarnos, es la fe la que nos justifica delante de Dios. A su vez Santiago ya nos ayudó a entender que nuestra fe sin obras está muerta.

Así como el primer paso para nuestra salvación fue reconocer nuestro pecado, debemos ser instrumentos en las manos de Dios para que muchos puedan encontrarse personalmente con esta historia contradictoria en términos humanos a través de la cual Dios sigue demostrando su amor para nosotros aun cuando somos pecadores (Romanos 5:8)

Cierra con una oración de arrepentimiento, entrega y agradecimiento por el sacrificio de Jesucristo en la cruz. Agradece por esta historia maravillosa que cambió nuestra vida y que puede hacerlo con todo aquel que lo desee.

Entrega a cada participante una copia de Lecturas de Romanos que descargas en www.e625.com/lecciones

Lección 38 › EFESIOS

Efesios pertenece al grupo de cartas que Pablo escribió desde su cautiverio en Roma, junto con las cartas a los Filipenses, Colosenses y Filemón. Son conocidas justamente como las "epístolas de la prisión" o del cautiverio. La carta a la iglesia de Éfeso fue escrita entre el 60-62 d.C. Esta carta, junto a la de Colosenses, recalca que la iglesia es el cuerpo de Cristo y Él la cabeza. Entre otros temas habla de dones, aparecen instrucciones para la familia y detalles acerca de cómo prepararnos para plantear nuestras batallas como cristianos.

Preguntas de introducción (10')

Luego de una breve introducción explicando en tus palabras lo que acabas de leer activa a los participantes con algunas preguntas generales.

1. ¿Cuáles son los típicos deseos que se ponen por ejemplo en una tarjeta de cumpleaños?
2. ¿Por qué damos buenos deseos a los demás? ¿En qué ocasiones?
3. ¿A quién extendemos buenos deseos generalmente? ¿Por qué no lo hacemos con extraños?

Pablo, en su carta a los hermanos de la iglesia en Éfeso, les escribe recordándoles enseñanzas esenciales y nuevos consejos. Pero pareciera que está tan contento con sus amigos de esta ciudad, que al principio les escribe muchos buenos deseos y luego los anima a que actúen en unidad y se fortalezcan en la verdad de Dios.

Desarrollo (30')

La carta de Pablo a los creyentes en Éfeso puede bosquejarse de la siguiente manera:

1. Saludos 1:1-2
2. El creyente en Cristo: 1:3-3:13
   - Predestinación: 1:3-6
   - Redención: 1:6-10
   - Herencia: 1:11-14
   - Revelación: 1:15-23
   - Nueva Vida: 2:1-10
   - Unidad: 2:11-3:13
3. El plan de Dios para la Iglesia: 3:14-6:9
   - La plenitud: 3:14-21
   - La unidad: 4:1-6

    - La capacitación y edificación: 4:7-16
    - La vida de luz: 4:17-32
    - La vida de ejemplo: 5 -6:9
4. El poder de Dios para la Iglesia: 6:10-20
5. Saludos finales: 6:21-24

Dinámica grupal
Divide a tus jóvenes en pequeños grupos de 5 a 7 personas. De no ser posible que haya en cada pequeño grupo un líder que cumpla el rol de moderador, encárgate de que un integrante de cada grupo tenga las siguientes preguntas que servirán como disparadores para charlar acerca del tema de hoy. Toma aproximadamente 10 minutos para cada uno de los 3 puntos y haz todo lo que esté a tu alcance para que los jóvenes hablen y emitan sus opiniones.

1 - Dones. Lean Efesios 4:7-13
- Si el dueño de los dones y quien los reparte es Dios, ¿cómo debiéramos sentirnos respecto de los dones que tenemos?
- De acuerdo con la Biblia, ¿algunos dones son más importantes que otros?
- ¿Qué le dirías a alguien que hace alarde de un don espiritual que tiene?

2 - La familia. Lean Efesios 5:21-33
- ¿Qué diferencias notas entre la mayoría de los matrimonios en la actualidad y lo que pide Pablo en este pasaje?
- ¿Qué es lo que más te ha costado en tu experiencia como hijo respecto de obedecer y honrar a tus padres?
- ¿Por qué te parece que la familia y sus relaciones internas son tan importantes para Dios?

3 - Armadura. Lean Efesios 6:10-17
- Según este pasaje bíblico que es todo un clásico, ¿contra quién es nuestra lucha? ¿Cómo lo explicarías?
- ¿Qué parte de esta armadura te llama más la atención y por qué?
- Ya que nuestra verdadera pelea no es contra seres humanos, ¿cómo deberíamos mirar a las personas que muchas veces aparecen como enemigos?

Conclusiones (10)
Dios ha querido repartir dones a todos sus hijos. Los dones no son nuestros, por lo tanto, no podemos enorgullecernos, ni tampoco entrar en una comparación sin sentido que nos lleve a otros pecados como pueden ser menospreciar o envidiar a alguien por su don.

Él Señor en su sabiduría y soberanía sabe por qué ha decidido dar ese o esos dones a cada persona. Su idea es que en la iglesia funcionemos como un verdadero equipo, ejerciendo esos dones, es decir sirviéndonos unos a otros. Los dones no tienen otro objetivo que no sea servir a los demás y glorificar a Dios. ¿Ya has descubierto el tuyo? Un buen consejo puede ser que empieces a servir en lo que puedas o tengas a mano, luego Dios te irá mostrando.

Ocupemos el rol que ocupemos dentro de nuestra familia, en esta carta hay consejos y mandamientos para nosotros. Si algún día vamos a formar nuestra familia, que lo hagamos sobre la base de la Palabra de Dios, y que primero entre los esposos y luego contagiándolo a nuestros futuros hijos, instalemos estos consejos bíblicos como normas y reglas familiares que nos bendecirán a todos.

La Biblia siempre dice la verdad, y en ningún pasaje dice que vivir la vida cristiana será fácil. Es más, en esta carta que vimos hoy se nos proporciona los detalles de qué armas debemos usar para defendernos y para atacar.

Lo que no es un detalle menor es que Efesios nos deja súper claro que nuestras luchas no son contra seres humanos, sino contra fuerzas espirituales de maldad. No perdamos tiempo viendo a los demás como enemigos y concentrémonos en la verdadera identidad de nuestro adversario.

Cada parte de la armadura cumple un rol fundamental. Memoricemos la armadura completa y sobre todo hagamos uso correcto y constante de ella.

Puedes cerrar en oración pidiendo que tus jóvenes sean cristianos bien armados y listos para dar las peleas correctas. También pide para que puedan ocupar dentro de la iglesia el lugar correcto pensado por Dios de acuerdo a los dones que han recibido.

Entrega a cada participante una copia de lecturas en Efesios desde www.e625.com/lecciones

Lección 39 > FILIPENSES

Filipenses deriva del nombre de la ciudad griega llamada Filipos, llamada así por Felipe II de Macedonia quien fue el padre de Alejandro Magno. La ciudad estaba estratégicamente ubicada como puerta a Europa. Filipos fue el primer lugar en Macedonia donde Pablo fundó una iglesia y ésta llegó a ser la cuna de la cristiandad en Europa. Se cree que fue escrita alrededor del año 61 d.C., desde el encarcelamiento de Pablo en Roma. La carta a la iglesia en Filipos es la más personal y afectiva de Pablo. Como cada Epístola

Preguntas de introducción (10')

Luego de una breve introducción explicando en tus palabras lo que acabas de leer activa a los participantes con algunas preguntas generales.

1. ¿Alguna vez dijiste una mentira o hiciste algo especialmente para impresionar a alguien? ¿Qué llegaste a hacer?
2. ¿Cuánto tiempo crees que se pueden mantener las apariencias? ¿Por qué?

La carta de Pablo a los Filipenses comienza saludándolos con mucho cariño, pero pronto menciona que hay algunas personas que están predicando por envidia y rivalidad. Está claro que desde aquella época existían cosas que lucían de una aparente bondad pero que en realidad tenían detrás intereses negativos y desenfocados. Por eso Pablo se detendrá especialmente en algunos temas en esta epístola.

Desarrollo (30')

El esquema de esta epístola podría verse de la siguiente manera:

1. Saludo: 1:1-2
2. Acción de gracias y oración: 1:3-11
3. Preso por Cristo: 1:12-26
4. Las exhortaciones de Pablo: 1:27-2:18
5. Permanecer firmes en la persecución: 1:27-30
6. Unidos en humildad: 2:1-4
7. Recordar el ejemplo de Jesús: 2:5-11
8. Ser luz: 2:12-18
9. Los compañeros de Pablo: 2:19-30
10. Timoteo: 2:19-24
11. Epafrodito: 2:25-30

12. El ejemplo de Pablo: 3:1-21
13. Los consejos de Pablo: 4:1-9
14. Agradecimiento y saludo final: 4:10-23

Dinámica grupal

Divide a tus jóvenes en pequeños grupos de 5 a 7 personas. De no ser posible que haya en cada pequeño grupo un líder que cumpla el rol de moderador, encárgate de que un integrante de cada grupo tenga las siguientes preguntas que servirán como disparadores para charlar acerca del tema de hoy. Toma aproximadamente 10 minutos para cada uno de los 3 puntos y haz todo lo que esté a tu alcance para que los jóvenes hablen y emitan sus opiniones.

1 - Humildad. Lean Filipenses 2:2-4

- ¿Cuál sería una definición tuya de humildad?
- ¿De qué manera se nos pueden contagiar la vanidad y el egoísmo?
- ¿En qué casos te resulta más complicado considerar a los demás como superiores a ti mismo?

2 - Un mismo sentir. Lean Filipenses 2:5-11

- Extrae de este pasaje y nombra 3 actitudes de Jesús que nosotros debemos imitar.

3- Contentamiento. Lean Filipenses 4:10-13

- ¿Cuál es el verdadero contexto de la famosa frase: "Todo lo puedo en Cristo que me fortalece"?
- Algunos afirman que sí o sí la voluntad de Dios es que seamos pobres, otros afirman exactamente lo contrario. De acuerdo con estos versículos, ¿qué piensas al respecto?
- Menciona algo que te parezca clave para estar contentos y conformes más allá del momento económico que nos toque pasar.

Conclusiones (10)

La humildad es una virtud que Dios produce en nosotros si le damos lugar a Él. La rivalidad, la envidia o nuestra propia vanidad nunca deben ser la motivación para hacer algo. El consejo de mirar a los demás considerándolos superiores a nosotros, es un excelente punto de partida para que seamos excelentes representantes de un Dios que paradójicamente es experto en humildad.

Se podrían decir tantas, pero tantas cosas de la humildad de Jesús, desde su nacimiento, su vida y hasta su manera de terminar aquí en la tierra y la manera tan gráfica en la que en esta carta se describe el descenso y la humillación de Cristo, nos deja sencillamente sorprendidos cuando tratamos de dimensionar lo que significó para Él.

A nosotros se nos pide tener esa misma actitud. No aferrarnos a lo que podamos haber logrado o a una posición que nos dé reconocimiento o nos haga sentir realizados, sino más bien estar dispuestos a bajar siempre lo que sea necesario, por amor.

Pablo fue todo un ejemplo de contentamiento, es decir alguien que podía adaptarse a la condición económica que le tocara atravesar. Como él mismo lo cuenta, pasó por momentos de abundancia y escasez y ninguna de ambas situaciones logró afectar su corazón. Afirmó estar preparado para todo pues con la fortaleza de Cristo, todo es posible.

Debemos ser agradecidos por cada cosa que tenemos y por cada instancia del presente que nos toca vivir. No debemos ser conformistas que mediocremente solo quieren quedarse donde están, pero tampoco debemos poseer una ambición desmedida que nos haga perder el foco. Debemos practicar el contentamiento de disfrutar y agradecer lo que tenemos.

Lo mejor que podemos hacer es imitar a Pablo en estar preparados para toda situación, evitando pensar lo que algunos enseñan acerca de la voluntad de Dios para nuestras finanzas. No es verdad que Dios quiere que todos seamos ricos, tampoco es verdad que quiere que todos seamos pobres. Más bien existen momentos diferentes en la vida de una persona, existen planes divinos diferentes para las personas y también existen disposiciones y decisiones personales diferentes. Pasar por un momento de holgura o de estrechez económica no denota automáticamente algún estado espiritual.

Podemos cerrar orando para que nuestros jóvenes sean de actitud humilde y que puedan hacer del contentamiento y la gratitud una forma de vivir y manejarse.

Entrega a cada participante una copia de Lecturas de Filipenses que descargas en www.e625.com/lecciones

Lección 40 › COLOSENSES

Pablo escribe esta carta dirigida a la Iglesia que se reúne en Colosas (actual Turquía), con la sugerencia de que sea compartida con sus vecinos en Laodicea. La iglesia crecía y el peligro de doctrinas y filosofías falsas eran una amenaza inminente. El cuidado de Pablo por los suyos hace que el objetivo central de la carta sea evidente a través de su lectura: Jesucristo es Dios y su sacrificio en la cruz reenfoca nuestra vida hacia una nueva identidad que tiene puesta la mirada en Él. Colosenses es una carta bastante breve, pero con mucho contenido, parte del cual veremos hoy.

Preguntas de introducción (10')

Luego de una breve introducción explicando en tus palabras lo que acabas de leer activa a los participantes con algunas preguntas generales.

1. ¿Te tropezaste alguna vez por caminar distraído con la mirada puesta en otro lado?
2. ¿Fuiste testigo alguna vez de un accidente que ocurrió porque alguien conducía con la mirada desatenta?

En esta carta veremos entre otras cosas, la imperiosa necesidad de tener la mirada en el lugar correcto para no tropezar ni sufrir espiritualmente ningún accidente para lamentar.

Desarrollo (30')

La estructura de Colosenses puede ser la siguiente:

1. Saludos y oración de Pablo: 1:1-14
2. Instrucciones doctrinales: 1:15-2:23
3. La deidad de Cristo: 1:15-23
4. El ministerio de Pablo: 1:24-2:7
5. Las falsas doctrinas: 2:8-23
6. Instrucciones prácticas: 3:1 -4:18
7. Normas para una vida santa: 3:1-17
8. Normas para la familia: 3:18-4:1
9. Instrucciones adicionales: 4:2-18

Dinámica grupal

Divide a tus jóvenes en pequeños grupos de 5 a 7 personas. De no ser posible que haya en cada pequeño grupo un líder que cumpla el rol de moderador, encárgate de que un integrante de cada grupo tenga las siguientes preguntas que servirán como disparadores para charlar acerca del tema de hoy. Toma aproximadamente 10 minutos para cada uno de los 3 puntos y haz todo lo que esté a tu alcance para que los jóvenes hablen y emitan sus opiniones.

1 - La centralidad de Cristo. Lean Colosenses 1:15-20

- ¿Qué implicancias tiene en tu propia vida y en la actualidad lo que expresa Pablo en Colosenses 1:15. "Cristo es la imagen del Dios invisible"?
- ¿De qué maneras una iglesia se podría llegar a desenfocar si olvida lo que dice Colosenses 1:18. "Él es la cabeza del cuerpo que es la iglesia"?

2 - Las cosas de arriba. Lean Colosenses 3:1-4

- ¿Cómo interpretas el versículo de Colosenses 3:1?
- ¿Querrá Dios que nos evadamos de nuestras responsabilidades y solo nos enfoquemos en lo celestial que se nos viene?
- ¿Qué papel juega "Cristo sentado a la diestra de Dios" en el consejo de ese versículo?

3 -Una vida nueva. Lean Colosenses 3:5-11

- ¿Qué querrá decir Pablo con "hagan morir" todo lo relacionado a la vieja naturaleza?
- ¿Qué medidas diarias podríamos tomar para que en la constante lucha interna que tenemos entre nuestras dos naturalezas termine prevaleciendo el Espíritu?

Conclusiones (10')

Si algo nos deja claro Colosenses es que Cristo es antes de todo e incluso todo fue creado por Él y para Él. Todo lo que queramos ver de Dios lo encontraremos en Él, porque es la imagen del Dios invisible.

No debemos olvidar que Él es la verdadera cabeza de la iglesia. Nunca en una iglesia se debe respetar, admirar y mucho menos alabar a otra persona que no sea Cristo. Ninguna autoridad humana en nuestras iglesias es la cabeza. Solo Cristo.

Necesitamos tener nuestra mirada puesta en las cosas de arriba (¡justamente donde está Cristo!) pero mientras seguimos con nuestros pies sobre la tierra. Pablo no nos invita a evadirnos de la realidad ni de nuestras obligaciones, todo lo contrario, es una exhortación a ser mucho más excelentes en lo que hacemos por vivir enfocados en las cosas que realmente importan y son trascendentes.

Vivir con la mirada puesta en el lugar indicado, o en este caso en la persona indicada, nos permitirá vivir esta nueva experiencia que Jesús nos propone dejando atrás lo que correspondía a otra vida, a otro momento, a otros criterios con los que no manejábamos antes de tener dentro nuestro a la nueva naturaleza divina a través del Espíritu Santo.

Puedes cerrar esta lección con alguna canción que hable de Cristo y exalte su persona. Podrías poner un video o simplemente el audio mientras animas a los jóvenes a estar orando mientras la escuchan.

Entrega a cada participante una copia de Lecturas de Colosenses que descargas en www.e625.com/lecciones

Lección 41 > 1 TIMOTEO Y TITO

La carta a Timoteo es la primera de dos cartas que el Apóstol Pablo le escribe a quien trató y formó como a un hijo. Timoteo era hijo de Eunice y nieto de Loida, quienes le habían enseñado las escrituras desde muy niño.

En primera cara de Pablo a Timoteo le da instrucciones pastorales acerca de la misión de vida de su joven aprendiz. La carta no es muy extensa, pero es extremadamente profunda en las verdades teológicas que atiende. Muy probablemente porque Timoteo estaba muy familiarizado con la teología de Pablo este no se extendió al tratar temas como la función de la ley (1:5-11), la salvación (1:14-16, 2:4-6), los atributos de Dios (1:17), la caída (2:13-14), la Persona de Cristo (3:16, 6:15-16) y la segunda venida de Cristo (6.14-15).

En sintonía, la carta a Tito también fue escrita por Pablo para otro de sus hijos ministeriales amados y por eso las vemos juntas. Tito enfrentó oposición por parte de hombres en las iglesias que ministró en Creta. Presumiblemente por ser demasiado joven y entonces ambas epístolas tienen mucho en común.

Preguntas de Introducción:

Luego de una breve introducción explicando en tus palabras lo que acabas de leer activa a los participantes con algunas preguntas generales.

1. ¿Alguna vez se sintieron menospreciados por ser jóvenes?

2. ¿Cuál será la mejor manera de ser escuchados cuando deseamos que personas mayores o más experimentadas cambien de opinión o conducta?

La edad puede ser un gran obstáculo para ser escuchado en una congregación, especialmente cuando queremos destacar que algo debe cambiar. La forma, la pertinencia y el espíritu con que se digan las cosas harán mayores las posibilidades de ser escuchados en nuestra congregación.

Desarrollo (30')

El libro de Timoteo es un libro netamente pastoral con instrucciones, directrices y llamadas de atención precisas para el liderazgo de la iglesia.

La estructura de la carta de Timoteo es la siguiente:

1. Instrucciones contra la falsa doctrina (1:1-20)
2. Recomendaciones generales a la iglesia (2:1-3:16)
3. Instrucciones con respecto a los falso profetas (4:1-16)
4. Las responsabilidades pastorales (5:1-6:2)
5. Los peligros que afronta el hombre de Dios (6:3-21)

Y la de Tito:

1. Saludos y la misión de Tito. (1:1-16)
2. La sana doctrina. (2:1-15)
3. La conducta del creyente (3:1-15)

Actividad: Díselo a la Iglesia
La siguiente es una serie de instrucciones que Pablo le dio a Timoteo y a Tito para enseñar en la iglesia. Escoge una de estas instrucciones con un grupo de amigos y recrea cómo sería la forma en que le harías ver hoy a la iglesia esta instrucción. Una persona hará el papel de Timoteo o Tito y luego el resto harán el papel de los ancianos o autoridades de la iglesia.

Instrucciones de Pablo:
- En la carta a Timoteo
- Cuidarse de la Falsa Doctrina (1:3-11)
- La importancia de la Oración (2:1-8)
- El papel de las mujeres (2:9-15)
- Los requisitos para los líderes (3:1-13)
- Los falsos maestros (4:1-16)
- La Responsabilidad con las viudas (5:3-16)
- La Responsabilidad con los ancianos (5:17-25)
- El peligro de amar el dinero (6:6-10)

En la carta a Tito
- Reconocer a los ancianos (1:5-9)
- Vida Santa (2:1-10)
- Doctrina Sana (2:11-15)

Ejercicios de Piedad:
1 Timoteo 4:8
¿Es bueno el ejercicio físico?, claro que sí, es nuestra responsabilidad cuidar el Templo que Dios nos dio. Pablo le dice a Timoteo que el ejercicio es bueno, pero que, así como hace ejercicio físico que también practique ejercitarse en la piedad a los demás.

Cuando uno hace ejercicio empieza con ejercicios simples y pequeños, hasta que puede hacer ejercicios más completos y difíciles. Empecemos haciendo obras de piedad pequeñas y vamos ejercitándonos en la piedad hasta llegar a ser como Jesús.

Pregunta para nosotros: ¿Qué pequeño ejercicio de Piedad se te ocurre que puedas hacer esta semana?

Ayudar a otros, defender a un compañero, enseñarle a alguien algo que no sabe, todos son pequeños ejercicios de piedad que debemos de practicar.

Conclusiones (10')

Enseñar a mayores que nosotros es todo un reto, pero si lo hacemos con amor y respeto, reconociendo que cualquiera es susceptible a ser reprendido, nos permitirá levantar la mano en nuestras congregaciones y ser promotores de cambios positivos en lugar de ocupar sólo un espacio de queja y murmullo.

Dios llama a los jóvenes a la misión de edificar a su iglesia y ser parte activa de protegerla.

Entrega a cada participante una copia de Lecturas de 1 Timoteo y Tito que descargas en www.e625.com/lecciones

Lección 42 > 1 TIMOTEO Y TITO

Esta carta se la escribe Pablo a Timoteo desde una celda fría y solitaria. Los romanos, habían encarcelado a Pablo por segunda vez y él sabía que iba a ser la definitiva, ya que sería ejecutado y llevado al martirio.

Aunque Pablo le escribe a Timoteo exhortándolo a que se apresurara a llegar a Roma, no sabemos si Timoteo logró llegar antes de la ejecución de Pablo.

El apóstol pablo, sabiendo que su fin en esta tierra estaba cerca, le escribe Timoteo pidiéndole permanecer fiel en sus deberes (1:6), retener la sana doctrina (1:13-14), aceptar la persecución por el evangelio (2:3-4, 3:10-12), confiar en las escrituras y predicarlas sin descanso (3:15,4:5).

Preguntas de introducción (10')

Luego de una breve introducción explicando en tus palabras lo que acabas de leer activa a los participantes con algunas preguntas generales.

1. ¿Qué características crees debe tener un obrero para ser aprobado por Dios?

2. En esta carta Pablo habla de las discusiones necias y sin sentido y le pide a Timoteo que se aleje de ellas (2:23). ¿Cómo crees que puedes reconocer cuando estás entrando a una discusión necia y sin sentido y cuál es la mejor manera de evitarlas?

Desarrollo (30')

La preocupación de Pablo era dejar algunas indicaciones finales a su amado hijo en la fe, Timoteo, ya que él sabía que su final en esta tierra estaba cercano. El libro está escrito con un sentido de urgencia.

Su estructura es la siguiente:

- Exhortar a Timoteo a que avive el don de Dios (1:3-7)
- No avergonzarnos de dar testimonio del evangelio (1: 8-11)
- Comparaciones como soldado, atleta y labrador (2:1-7)
- Invitación a ser un obrero Aprobado (2:14-26)
- La impiedad en los últimos días (3:1-9)
- Instrucciones personales (4:9-18)

Actividad: No me avergüenzo del evangelio.

Pablo estaba por segunda vez en la cárcel y la mayoría de las personas lo habían dejado solo. Le escribe esta segunda carta a su querido Timoteo para pedirle que le llegue a visitar. A pesar de que Pablo estaba encarcelado en una situación muy complicada, le dice a Timoteo que no debe avergonzarse ni intimidarse porque el evangelio es Poder de Dios. Dios no nos ha dado un Espíritu de temor, sino de Poder, amor y dominio Propio.

En grupos de tres participantes comparte si alguna vez tuviste vergüenza de compartir el evangelio con otras personas.

Entre todos: ¿Cuál será la mejor manera de compartir el evangelio a nuestros conocidos no cristianos?

Actividad: Huye
Una de las peticiones de Pablo a Timoteo era que huyera de las malas pasiones de la juventud para poder presentarse como obrero aprobado por Dios. Además, le pidió a Timoteo que no se involucre en discusiones necias y sin sentido que terminan en pleitos (2:22-23).

Huir o alejarse de una situación impropia podría planearse antes de suceder para saber cómo reaccionar en el momento. Con un grupo de amigos discute ideas de qué acciones podrías tomar para huir de situaciones impropias o discusiones insensatas. Para la discusión céntrense en un ejemplo de una acción impropia o una discusión insensata de la que debemos huir.

Conclusiones (10')

Pablo le pide a Timoteo que busque vivir una vida recta de manera que no se avergüence de predicar el evangelio porque este es PODER de Dios para salvación. Que gran encomienda nos ha dejado El Señor a través de esta carta para poder imitar en ejemplo.

Entrega a cada participante una copia de Lecturas de 2 Timoteo que descargas en www.e625.com/lecciones

Lección 43 > 1 PEDRO

Esta carta la escribe Pedro en medio de una persecución hacia la iglesia que crecía más y más. El propósito de esta carta era ayudar a la iglesia a vivir victoriosamente en medio de la adversidad, sin perder la esperanza, sin amargarse, echando toda la ansiedad sobre Él, confiando en el Señor y creyendo en que regresará en la segunda venida.

Preguntas de introducción (10')

Luego de una breve introducción explicando en tus palabras lo que acabas de leer activa a los participantes con algunas preguntas generales.

1. ¿Por qué el oro debe pasar por fuego para ser moldeado?
2. ¿Qué sabemos acerca de la persecución de la Iglesia?

Desarrollo (30')

La estructura de 1 Pedro es la siguiente:

- Recordar nuestra gran salvación (1:3-2:10)
- Recordar nuestro ejemplo delante de los hombres (2:11-4:6)
- Recordar que nuestro Señor regresará (4:7-4:11)

Actividad: Ser Santos

Pedro exhorta a los jóvenes a actuar con Inteligencia teniendo dominio propio y no actuando de forma desenfrenada, invitándonos también a reconocer de qué nos ha salvado Dios.

En grupos de a 3 imaginemos una situación en donde necesitarían actuar con inteligencia para poder huir de una tentación o situación difícil. Discutan una estrategia para combatir o evitar esa situación.

Actividad: No avergonzarse

Pedro dijo: "Pero, si alguien sufre por ser cristiano, que no se avergüence, sino que alabe a Dios por llevar el nombre de Cristo". A veces, hay personas que pueden burlarse de nosotros por decir que somos cristianos o hacemos lo que Jesús dijo que hiciéramos. Si alguien hace esto, el apóstol Pedro nos animó a no avergonzarnos sino alabar a Dios porque Dios se alegra con nosotros.

Discute con tu grupo cuál sería tu respuesta si alguien se burla de ti por ser cristiano. Compartan alguna experiencia en donde hayan sufrido por ser cristianos.

Actividad: Jóvenes sométanse a los ancianos
Pedro motiva a los jóvenes a obedecer a los ancianos y aprovechar su experiencia, considerándolos dignos y tratándolos sin orgullo.

Haz una lista de tres personas mayores que respetas y admiras. Compártela con tu grupo y di porqué los admiras.

Conclusiones (10')

Pedro hace énfasis en nuestra salvación porque entendiendo que Dios nos salvó de una vana manera de vivir tenemos mayor fortaleza ante las pruebas y también las tentaciones.

Pedro destaca que la vida cristiana nos salva de nosotros mismos y pide que busquemos la santidad dejando el orgullo de creer que la vida puede hacer sentido sin Dios y por eso también llega a la conclusión que no podemos avergonzarnos del evangelio y podemos disfrutar una vida de agradecimiento a Dios.

Entrega a cada participante una copia de Lecturas de 1 Pedro que descargas en www.e625.com/lecciones

Lección 44 › 2 PEDRO

Segunda Pedro fue escrito con la intención de denunciar a los falsos maestros que estaban intentando enseñar a la iglesia. La intención de Pedro era la equipar a la Iglesia sobre cómo reaccionar ante estas falsas enseñanzas.

La palabra "conocimiento" aparece repetidamente en esta carta corta de tres capítulos. Durante toda la carta aparece al menos dieciséis veces, lo cual denota que la intención de Pedro era dejar super claro que una manera de enfrentar a los falsos maestros es el conocimiento de las escrituras para saber discernir las falsas doctrinas.

También hay una explicación acerca de la segunda venida de Jesucristo y porqué de su aparente tardanza ya que en la época habían comenzado a negar y dudar de la deidad de Jesús.

Preguntas de introducción (10')

Luego de una breve introducción explicando en tus palabras lo que acabas de leer activa a los participantes con algunas preguntas generales.

1. ¿Por qué crees que la ausencia del amor en una doctrina debe ser considerada una falsa doctrina cristiana?
2. ¿Cómo podrías reconocer a un falso maestro de la palabra?

Desarrollo (30')

Que un voluntario lea en voz alta 2 Pedro 1:5-12

Pedro quería animar a la iglesia a estudiar la verdad y les dice lo siguiente: "Por eso siempre les recordaré estas cosas, por más que las sepan y estén afianzados en la verdad que ahora tienen".

A veces podemos decir que una historia en la Biblia ya la sabemos, o que no es necesario memorizar textos. Pedro decía que era necesario que nos la recordaran por más que ya lo supiéramos para que nadie nos enseñe nada que no este escrito en la Biblia. Muchos profetas falsos habían querido enseñarle a la Iglesia cosas equivocadas y Pedro sabía que la única manera de que no les creyeran era que ellos supieran la verdad, por eso era la insistencia en recordárselas.

Hagamos una lista de los versículos bíblicos que se saben de memoria. Esta será una competencia por grupos. Gana el grupo que más versículos se sepan de memoria.

Insistir en conocer sobre la Biblia es algo que el apóstol Pedro indica para que nadie nos engañe enseñándonos cosas que no son de Dios, incluso dentro de la Iglesia y con buenas intenciones.

Actividad: El Día del Señor
Pedro describe cómo será la segunda venida de El Señor Jesucristo, dando una descripción narrativa de ese día.

Describe situaciones como la siguiente:
11Ya que todo será destruido de esa manera, ¿no deberían vivir ustedes como Dios manda, siguiendo una conducta intachable 12y esperando ansiosamente. la venida del día de Dios? Ese día los cielos serán destruidos por el fuego, y los elementos se derretirán con el calor de las llamas.

Discute con tu grupo qué crees que significa la descripción del capítulo 3 que Pedro hace en esta carta desde el punto de vista de la Astronomía.

Conclusiones (10')

Es urgente que generemos la disciplina del estudio de las escrituras, meditar en ellas y buscar practicarlas constantemente. Siempre habrá personas que tergiversen las escrituras y prediquen en contra del amor. Estudia y celoso con la verdad, pero siempre ten en cuenta que la misericordia y el amor son la base central de nuestro mensaje.

Entrega a cada participante una copia de Lecturas de Segunda Pedro que descargas en www.e625.com/lecciones

Lección 45 › JUDAS

Este libro no lo escribe Judas el traidor, sino el medio hermano de Jesús. Su nombre proviene de "Judá" que significa alabanza.

Judas es un escrito pequeño que va en línea directa con el mensaje de segunda de Pedro rechazando a los falsos maestros y las falsas doctrinas, pero expresa una gran sorpresa y es que Judas no reconocía a Jesús como el mesías (Juan 7:1-9), sino hasta después de verlo resucitado (Hechos 1:14). ¿Será que a veces nos cuesta darnos cuenta del potencial de las personas a quienes más conocemos?

Luego de su conversión y el reconocimiento de Jesús como Mesías, Judas se convierte en un fuerte promotor de guardar la sana doctrina y en un férreo luchador en contra de las falsas doctrinas, describiendo de una manera muy vívida a los apóstatas, haciendo notar que una vida personal desordenada no puede estar conectada con enseñanzas sanas y correctas.

Preguntas de introducción (10')

Luego de una breve introducción explicando en tus palabras lo que acabas de leer activa a los participantes con algunas preguntas generales.

1. ¿Qué significa la palabra Apostasía? (Lee la repuesta del diccionario una vez que ellos hablen)
1. ¿Qué relación debe haber entre el discurso y la forma de vivir de los que predican?

Desarrollo (30')

1. La estructura de este libro es:
2. Condenación contra los apóstatas (3,4)
3. Consecuencias de las apostasías (5:6)
4. Características de los apóstatas (8-16)
5. Defensas en contra de las apostasías (17-23)
6. Doxología

Decir y Hacer:

Que una voluntaria lea Judas 1:12-14

Invita a todos a ponerse de pie y diles que en los próximos minutos deben imitar lo que digas y no lo que hagas pero que lo deben hacer inmediatamente. Por ejemplo:

tú dices "saltar" y saltas y todos deben saltar, pero luego dices "sentarse" pero te quedas parado…. Y el que se sienta pierde

Lo que muestra este juego es que es muy difícil seguir instrucciones cuando se dice una cosa y se hace algo muy diferente.

La invitación de Judas es a que oigamos el mensaje, y lo meditemos, pero también que lo contrastemos con la manera de vivir de los líderes y quienes están dando este mensaje. La misma Biblia anima a que desconfiemos de aquellos que dicen una cosa y muestran otra cosa con su forma de vida, pero hagan otra.

Reflexión acerca del dinero:
Ahora que un voluntario lea Judas 1:11

Históricamente ha existido una fuerte crítica hacia la iglesia cuando en las cosas de Dios se menciona al dinero y aquí Judas exhorta fuertemente a no hacer cosas "solo por ganar dinero" lo cual coincide con lo dicho a Timoteo de que el amor al dinero es la raíz de toda clase de males.

Ayuda a tu grupo a pensar preguntando:
¿El problema que están denunciando Judas y Timoteo es el dinero?

El problema es la codicia.
Separa el grupo en dos equipos.
Cada equipo debe exponer prácticas correctas de la relación entre el dinero y el ministerio y también exponer prácticas incorrectas de esta relación.
Lo haremos en un ambiente de respeto y recordándonos de la misericordia y el amor como principal elemento de nuestro mensaje.

Conclusiones (10')

Los maestros y líderes debemos tener "autoridad" que es algo más que decir las cosas bien. La autoridad se gana siendo consecuentes entre lo que decimos y hacemos.

LA carta de Judas deja en claro que siempre habrá gente con motivaciones falsas a nuestro alrededor y que por eso es vital estar seguros de qué es lo correcto y que no parte del consejo de Dios independientemente de cómo "se sienta" o lo lindo que hablan las personas.

Entrega a cada participante una copia de lecturas en Judas desde www.e625.com/lecciones

Lección 46 › HEBREOS

Aunque muchos creen que fue Pablo, no sabemos con seguridad quien escribió esta carta. En ella se expone con claridad que a partir de la fe en Jesús tenemos acceso directo a Dios.

El libro encuentra su nombre en que se escribe con un enfoque neto a los judíos y explica conceptos que ellos pueden entender a la perfección como por ejemplo llamando a Jesús el cordero que cumple con la Ley de Moisés para la expiación de nuestros pecados. Los versos de este texto recuerdan muchos conceptos del Antiguo Testamento que la cultura judía podía entender muy bien como el velo que es rasgado o los héroes de la fe de la historia de Israel del capítulo 11.

Hebreos comienza como un sermón sin destinatarios precisos y una explicación elocuente de porqué Cristo es el cumplimiento del Antiguo Testamento.

Preguntas de introducción (10')

Luego de una breve introducción explicando en tus palabras lo que acabas de leer activa a los participantes con algunas preguntas generales.

1. ¿Qué creen que es la fe?
2. ¿Qué símbolos y figuras del Antiguo testamente más te llaman la atención? ¿Por qué se le llamará cordero a Jesús?

Desarrollo (30')

La estructura de este libro es la siguiente:

1. La posición de Jesucristo
2. El sacerdocio de Jesús (4:14-7:28, 8:1-10:18)
3. La Fe del creyente (10:19-12:29)
4. Nuestra relación con los demás y con Dios (13:1-21)

El velo roto

Divídanse en equipos pares. A cada equipo se le dará un pedazo de tela. Lo que deben hacer es estirar la tela hasta que se rompa y parta en dos. No pueden utilizar nada más que su propia fuerza.

Así como este pedazo de tela se rompió, así se rasgó el velo que nos separaba entre nosotros y la presencia de Dios. Jesús vino a romper ese velo y darnos acceso al lugar santísimo. Jesús cumplió la ley de manera total y debió hacerlo para poder fungir ahora como sumo sacerdote e interceder por nosotros ante el Padre.

El autor de Hebreos dice que no tenemos un sumo sacerdote incapaz de compadecerse de nuestras debilidades, sino que tenemos uno que ha sido tentado en todo de la misma manera que nosotros, aunque sin pecado. Así que acerquémonos confiadamente al trono de la gracia para recibir misericordia y hallar la gracia que nos ayude en el momento que más la necesitamos (Hebreos 4:15-16)

Actividad:
Que tres voluntarios distintos lean Hebreos 11:1- el 2 y el 3.

La carta a los hebreos define la fe como la garantía de lo que se espera, la certeza de lo que no se ve.

En el Antiguo Testamento hay muchos ejemplos de hombres de fe. Abel, Enoc, Noe, Abraham, Isaac y Jacob, José, Moisés, Rahab, Gedeón y varios más. Muchos de ellos fueron hombres con defectos y cosas buenas, pero todos tuvieron fe. Tenían una certeza de que Dios estaba con ellos, pero ninguno de ellos conoció a Jesús. Nosotros tenemos el privilegio de poder tener fe y saber que Jesús es el Hijo de Dios

Hagamos una pequeña analogía de aprendizaje. Piensa por un momento con qué héroe de la fe se asemeja más tu vida o el momento que hoy estás pasando. Selecciona un héroe de la fe y comparte con el resto por qué tu vida o el momento de vida que estás pasando se asemeja a ese héroe de la fe.

Por ejemplo, puede ser que estés creyendo a Dios por un milagro, pero al ver tus capacidades actuales entiendes que no es posible hacer lo que te propones. Así que sabes que si ocurre será solo porque Dios lo hizo. Muy parecido a lo que Abraham pasaba cuando le dijeron que iba a ser Padre de multitudes, teniendo una edad muy avanzada y una esposa que biológicamente ya no podía tener hijos. Él tuvo fe en Dios y Dios hizo el milagro.

Conclusiones (10')

Es hermoso pensar cómo podemos aprender de los que nos antecedieron y como hoy podemos tener lo que tenemos, hacer lo que hacemos y ser lo que somos gracias a que hubo gigantes sobre los cuales nos paramos para ver un futuro con más esperanza y lleno de fe. Nuestros padres muy probablemente hicieron muchas obras de fe que hoy nos permiten gozar y ver el fruto de ellas.

El mayor de los sacrificios y obras de fe la hizo Jesús en el Calvario al entregarse como el cordero en expiación por nuestros pecados. Gracias a su gran obra de fe es que podemos hoy entrar confiadamente delante de la presencia de nuestro Dios glorioso.

Entrega a cada participante una copia de Lecturas de Hebreos que descargas en www.e625.com/lecciones

Lección 47 > 1 JUAN

La primera epístola de Juan fue escrita por Juan el discípulo amado y es la primera de tres que escribió. Ya que no lleva ningún remitente se dice que es una epístola general. Cuando Juan hizo esta epístola nacía un movimiento conocido como gnosticismo el cuál negaba la encarnación de Jesucristo y estaba propagando falsas doctrinas en las que sobresalía que la salvación se daba por el conocimiento y que el cuerpo y el espíritu estaban separados. Debido a esto, Juan decide escribir con la autoridad de un padre para prevenir a la iglesia de estas corrientes y para animarlos en el amor. Juan buscó así fortalecer conceptos básicos pero profundos en la iglesia. Cuando leemos a Juan en cada uno de sus escritos, el Evangelio de Juan, Primera, Segunda y Tercera de Juan y Apocalipsis, podemos ver el celo con que defendía el plan supremo de Dios a través de la obra redentora de Jesús.

Los tres factores fundamentales de la verdadera espiritualidad que Juan explica son: 1) Una correcta creencia en Jesús, la cual produce 2) una obediencia a sus mandamientos llevándolos a la acción, lo cual manifiesta 3) nuestro amor a Dios y a nuestros hermanos. Estos tres elementos (fe en Jesús, obediencia y amor) producen fruto de espiritualidad en nuestra vida.

Preguntas de introducción (10')

Luego de una breve introducción explicando en tus palabras lo que acabas de leer activa a los participantes con algunas preguntas generales.

1. ¿Qué es el amor?
2. ¿Cómo podemos saber que alguien ama a Dios?
3. ¿Qué significa la palabra "amigo"?

Desarrollo (30')

1. La estructura de este libro es la siguiente:
2. Características de una comunión con Dios (1)
3. La obediencia a los mandamientos de Dios (2)
4. Llamado a un mandamiento nuevo (2:8)
5. La relación padres e hijos (2:12-14)
6. La relación con el mundo (2:15-17)
7. Cuidarnos de los anticristos (2:18-27)
8. Conocer el gran amor de Dios (3)
9. Permanecer en el amor (4)
10. Vivir en la fe (5)

Amar con hechos
Que un voluntario lea en voz alta 1 Juan 3:16-18

Juan habla de un nuevo mandamiento que es amar a nuestros hermanos con un amor como el de Jesús. Cuando Juan dice que demos la vida por nuestros hermanos, no se refiere necesariamente a morir por nuestros hermanos. Se refiere a ayudar a nuestros hermanos con lo que tengamos a nuestra disposición. Si alguno te pide ayuda, ayúdalo. Esto es demostrar con hechos el amor de Dios para con él. Juan Dijo: "Si alguien que posee bienes materiales ve que su hermano está pasando necesidad, y no tiene compasión de él, ¿cómo se puede decir que el amor de Dios habita en él? Queridos hijos, no amemos de palabra ni de labios para afuera, sino con hechos y de verdad.

En grupos de discusión platica sobre de qué formas haz sido ayudado o haz ayudado a otra persona, de manera que haz o te han mostrado el Amor de Dios.

Como cristianos debemos entender que este es el mensaje central del evangelio. Dios es amor. El amor es demostración. Nadie puede decir que ama a Dios si odia a su hermano.

El Mandamiento nuevo
Lee en voz alta 1 Juan 2:8

Tomando en cuenta que es probable que esta carta fuese escrita a la iglesia en los últimos años del primer siglo. Los cristianos llevaban un buen tiempo escuchando las enseñanzas de los apóstoles. ¿Por qué será que Juan hace insistencia de que este es un nuevo mandamiento?

En grupos de discusión les plantearemos algunas interrogantes que quisiéramos buscar darle una respuesta basada en las enseñanzas de Juan, a quien llamaban el discípulo amado.

Las preguntas de investigación son:
Cuál es el NUEVO mandamiento que Juan enseñó y qué tiene de nuevo este mandamiento (Lean Juan 13 para encontrar la respuesta)
Juan le da tanta importancia en amar a nuestros hermanos de manera real y genuina. Según 1 Juan 3 qué pasa con alguien que no demuestra amor a su hermano.

Estas dos preguntas pueden llevarnos días enteros procesarlas. Es asombroso ver que existe un nuevo mandamiento. El cual es enseñado por Jesús mismo y después ratificado por Juan en sus últimos años de vida. Jesús ya había dicho que la ley se resumía en estos dos mandamientos: Amar a Dios con todas nuestras fuerzas y a nuestro prójimo como a nosotros mismos. Así que la declaración de Jesús de decir que nos enseñaría un NUEVO mandamiento es trascendental para los que somos sus discípulos. Nota quién es el parámetro de amor para entender la novedad de este mandamiento.

Conclusiones (10')

El amor de Dios se demuestra con hechos y se expresa con acciones que responden a la necesidad del otro. Hacer estas acciones nos da el permiso luego de decir y hablar con autoridad.

En el mundo moderno y sobre todo en el sistema educativo porque el que pasamos en occidente estamos muy acostumbrados a que primero viene la teoría y luego entonces tenemos la oportunidad de la práctica; pero Juan y las nuevas técnicas de educación dejan ver que la manera correcta de aprender es al revés. La mayoría de las cosas que has aprendido ha empezado con la experimentación y luego la adquisición de teoría (piensa en cómo aprendiste a manejar o a jugar videojuegos). Para enseñar sobre el amor de Dios empecemos primero con las acciones y luego ganaremos las emociones correctas para seguir amando. Cierra en oración.

Entrega a cada participante una copia de lecturas en Judas desde www.e625.com/lecciones

Lección 48> 2 Y 3 DE JUAN

Estas son las dos cartas más cortas del Nuevo Testamento. En la segunda carta Juan insiste con la línea de la primera carta acerca del amor de Dios entre los hermanos haciendo una referencia al mandamiento de poner en práctica el amor. Aunque hace una fuerte advertencia contra los que predican y no reconocen a Jesucristo como hijo de Dios.

La tercera carta está dirigida a su amigo Gayo, de quien se alegra por su comportamiento y testimonio de vida exaltando su reputación, mientras que reprende el comportamiento de otras personas en la congregación.

Otro tema tratado en esta carta es acerca de la hospitalidad, la cual es bien llevada por su amigo Gayo mostrándole aprecio a los ministros itinerantes y recibiéndolos bien en su casa.

Preguntas de introducción (10')

Luego de una breve introducción explicando en tus palabras lo que acabas de leer activa a los participantes con algunas preguntas generales.

1. ¿Qué significa el buen testimonio?
2. ¿Por qué creen que la Biblia dice que el buen nombre es mejor que el mucho oro?

Desarrollo (30')

La estructura de estas cartas es la siguiente:

2da Juan

1. Recordatorio del mandamiento del amor. (2 Juan 4-6)
2. Alerta por los engañadores (2 Juan 7-11)
3. El anhelo de ver a sus discípulos (2 Juan 12)

3ra Juan

1. Reconocimiento a la fidelidad de Gayo (3 Juan 1-8)
2. Denuncia a lo malo y llamado a no imitarlo (3 Juan 9-11)
3. El anhelo de ver a sus discípulos (3 Juan 13)

Actividad: Dia de testimonios
Juan vuelve a hacernos un llamado a expresar el amor en acciones. Estas acciones son evidencia de que nos amamos unos a otros.

La actividad es pasar un buen tiempo compartiendo testimonios sobre el amor de Dios expresado por hermanos hacia nosotros. Pediremos que pasen al frente quienes tengan un testimonio que compartir acerca de cómo han sentido el amor de Dios a través de sus hermanos en la fe.

Este es un llamado de atención para las congregaciones a recordarnos que el amor de Dios debe generar mucha evidencia, la cual puede ser contada y enriquecer la fe de otros. Una congregación que tiene pocos testimonios de amor entre los hermanos debe revisar su doctrina y empezar a ser más enfáticos en predicar sobre el amor.

Actividad: Nominaciones
Juan escribe su tercera carta dirigida a su amigo Gayo, de quien se expresa muy bien y lo anima por el buen testimonio de vida cristina que ha tenido.

En esta actividad, nominarás a una persona para que hable bien de un amigo dentro de la congregación. La idea es exponer esas buenas conductas cristianas en donde este amigo escogido evidencia su fe y amor por Dios. Al terminar de hablar bien y dar buen testimonio del amigo.

El amigo aludido, nominará a otra persona que deberá hablar bien de otro amigo y así sucesivamente. Dependerá del tiempo de la reunión saber hasta cuántas personas podemos nominar en la actividad.

Conclusiones (10')

La gran enseñanza de Juan, que es el discípulo que más tiempo vivió y practicó el evangelio en la tierra, es que el amor no es un sentimiento sino un compromiso de acción.

El amor no se guarda. Se expresa, se regala y multiplica como convicción de que es la gran misión que Dios entregó a sus hijos.

El amor tiene consecuencias prácticas como la hospitalidad y la amistad y no se limita a devolver un bien con otro bien sino amar hasta a quien no se lo merece como Dios amó al ser humano.

Cierra esta clase con un circulo de aprecio en el que en ronda cada uno debe decirle algo estimulante al que sigue. Puede ser un tanto extraño para algunos, pero sin dudas va a ser una manera práctica de expresar amor. Cierra en oración.

Entrega a cada participante una copia de lecturas en 2 y 3 Juan desde www.e625.com/lecciones

Lección 49 > APOCALIPSIS (1era Parte)

Apocalipsis quiere decir fin del mundo o la historia y fue escrito por Juan, muy probablemente al final de su vida, más o menos en la década de los años 90 del primer siglo.

Según lo que sabemos, Juan es el último de los apóstoles en morir y mientras escribe esta carta está exilado en la isla de Patmos.

Apocalipsis revela a un Cristo glorioso y triunfante a pesar de todos los obstáculos de la historia. En este libro Jesús es el testigo fiel, el primogénito de los muertos, el Rey de reyes, y Señor de señores, el alfa y la omega, el principio y el fin, el que era y el que ha de venir, el todopoderoso, el Hijo del Hombre, el que vive por los siglos de los siglos, el Hijo de Dios, santo y verdadero, león de Judá, el Cordero en el cielo sentado en el trono y la estrella resplandeciente de la mañana.

En la primera parte de este libro, Juan les escribe a aquellas iglesias que ha pastoreado y supervisado y quiere ver que sigan madurando y creciendo.

Preguntas de introducción (10')

Luego de una breve introducción explicando en tus palabras lo que acabas de leer activa a los participantes con algunas preguntas generales.

1. ¿Qué han escuchado acerca del Apocalipsis?
2. ¿Qué sentimiento les genera este libro y por qué?

Desarrollo (35')

El bosquejo de la Primera parte de Apocalipsis es el siguiente:

1. La visión de Cristo glorificado y comisión para escribir el libro (1:9-20)
2. Las cartas a las Iglesias (2:1-3:22)
3. La Adoración en el Cielo (4:1:5:14)

Actividades: El mensaje a las iglesias

Juan escribe a siete iglesias atendidas que obviamente estaban bajo su cuidado. Estas iglesias se encontraban en Asia y a cada una les tiene palabras especiales:

1 - Éfeso (2:1-7)
"Has dejado tu primer amor"
2 - Esmirna (2:8-11)
"Sé fiel hasta la muerte y yo te daré la corona de vida
3 - Pérgamo (2:12-17)
"Tengo unas pocas cosas
4 - Tiatira (2:18-29)
"Pero que tienes, retenlo hasta que yo venga"
5 - Sardis (3:1-6)
"Tienes nombre de que vives y estás muerto"
6 - Filadelfia (3:7-13)
"He puesto delante de ti una puerta abierta"
7 - Laodicea (3:14-22)
"No eres frio ni caliente"

Vale la pena pensar en estos mensajes y aterrizarlos a nuestro contexto actual. Nos daremos cuenta de que siguen siendo relevante como un mensaje para nosotros en estas épocas. En grupos de trabajo estudiaremos el mensaje a cada una de las iglesias y completaremos el siguiente cuadro:
Que todos vean el ejemplo del cuadro completo con Éfeso y si es posible divídelos en 6 para completar las que quedan.

Iglesia	Elogio	Crítica	Instrucción	Promesa
Éfeso	Sus obras, su duro trabajo y su persever-ancia. No soporta a los malvados. Han perseverado y sufrido por mi nombre.	Has dejado tu primer amor	Haz las obras que hiciste al principio	El derecho de comer el árbol de la vida.
Esmirna				
Pérgamo				
Tiatira				
Sardis				
Filadelfia				
La Odisea				

Descarga copias de este cuadro en wwww.e625.com/Lecciones

Actividad: la adoración en el cielo
Que alguien lea en voz alta Apocalipsis 4

Se han imaginado alguna vez cómo será la adoración en el cielo, pues Juan fue llevado en una visión a poder contemplar un fragmento de cómo era un culto de adoración en el cielo.

Lo que vio era impresionante. Había un trono rodeado de veinticuatro ancianos con coronas de oro. Alrededor del trono vio cuatro seres vivientes con diferentes formas y todos decían: "Santo, Santo, Santo es el Señor Dios todopoderoso", el que era, que es y que ha de venir". Cada vez de adoraban los veinticuatro ancianos tiraban sus coronas delante del trono.
La adoración de esta escena era increíblemente creativa. Uno de los seres vivientes tenía forma de león, otro de becerro, otro con rostro como de hombre y el cuarto era semejante a un águila en vuelo.

Que el grupo escoja cuatro canciones con las siguientes características.
La primera de las canciones deberá tener una referencia a un león. La segunda canción un carácter más alegre como un becerro joven. La tercera canción hacer referencia a nuestra humanidad y la última un carácter de una adoración más sublime y si conocen alguna que haga referencia a un águila mejor.

Conclusiones (5')

A Dios le importa la salud de nuestras iglesias. No podemos conformarnos con lo que ya hemos vivido y debemos permanecer madurando y creciendo.

Apenas podemos imaginar la gloria de Cristo o la adoración en el cielo.
A Juan le faltaban palabras e imágenes alegóricas para terminar de describir lo que vio.

El Apocalipsis habla del presente y del futuro entrelazando las oportunidades que tenemos ahora y las que tendremos en la gloria. Que algún voluntario cierre en oración agradeciendo a Dios por su fidelidad.

Entrega a cada participante una copia de lecturas en Apocalipsis, primera parte desde www.e625.com/lecciones

Lección 50 › APOCALIPSIS (2da Parte)

La segunda parte del libro de Apocalipsis se enfoca en los eventos fundamentales de la segunda venida de nuestro Señor Jesucristo. Las descripciones e ideas de esta porción final de la Biblia han despertado la imaginación de muchos, el temor de otros y la esperanza para los que creemos que Jesús regresará por su iglesia.

Este cierre de la revelación escrita narra desde la gran tribulación en donde la tierra contemplará una enorme destrucción y sufrimiento (6:1-18:24) hasta el juicio del gran trono blanco (20:11-15) para así llegar a la realidad eterna en donde Dios es todo. (21:1-22:21).

Preguntas de introducción (10')

Luego de una breve introducción explicando en tus palabras lo que acabas de leer activa a los participantes con algunas preguntas generales.

1. ¿Qué han escuchado acerca de la gran tribulación, la segunda venida de Jesús y el Juicio final?
2. ¿Qué suele creer la gente acerca de estos eventos?
3. ¿Qué sentimiento evoca en sus corazones hablar de estas cosas?

Desarrollo (40')

La estructura de la segunda parte de Apocalipsis es:

1. La gran tribulación (6:1-18:24)
2. El regreso del Rey (19:1-21)
3. El milenio (20:1-10)
4. El juicio del gran trono blanco (20:11-15)
5. El estado eterno (21:1-22:21)

Actividad: Los hechos como serán

Para este ejercicio asegúrate de tener algunas Biblias extras y el resto de los materiales.

El tiempo de tribulación y juicio que acontecerán sobre la tierra abarca una gran parte de este libro, narrando la destrucción que acompaña a la apertura de cada sello. También se narra la aparición de ángeles con trompetas de anunciamiento seguidos por jinetes de Dios. En fin, la cantidad de escenas que aparecen desde el capítulo 6 hasta el capítulo 21 son impresionantes dignas de varias películas.

La mejor manera de aprender tanta información es construirla juntos así que divide a los participantes en grupos más pequeños y asígnales buscar los eventos más importantes mencionados en estos capítulos y ordenarnos en orden cronológico.

Lo que haremos es tomar pliegos de papel grandes y marcadores de manera que podamos crear una línea cronológica ilustrada de los acontecimientos clave y las escenas más relevantes narradas desde el capítulo seis hasta el capítulo veintiuno.

Puedes premiar a las líneas cronológicas o líneas del tiempo más creativas y completas y debes tener la apertura a que haya líneas cronológicas que sean diferentes y tendrás que alistarte a responder por qué.

Juan estaba viendo una realidad de la que no tenía suficientes herramientas para terminar de entender y lo que cada una de estas escenas significa y su orden ha sido discutido por grandes maestros de la palabra a través de los siglos.

Nuestra recomendación para analizar las líneas cronológicas es que te prepares con "Comentarios Bíblicos" y libros de referencia para aceptar que el orden de algunos eventos o qué tipo de gente es representado en cada escena tiene distintas interpretaciones para distintas denominaciones y por eso también es bueno que investigues cuál es la de tu denominación o iglesia local y por qué y puedas contarles a tus jóvenes ese por qué.

Conclusiones (10')

Más allá de los posibles escenarios respecto a los sucesos finales, lo que no tiene discusión es que habrá un juicio final para todos los seres humanos y que la única posibilidad de ser encontrados justos la tenemos en los méritos de Cristo. Él volverá por aquellos que han confiado en él por la fe y conforman su pueblo y el bien y la gloria de Dios tendrán su triunfo final contra el mal y el reino de las tinieblas.

Cierra la lección con una nota de esperanza. Cristo vuelve por su iglesia y la promesa final de su palabra es una gloria completa que podremos disfrutar con él.

Entrega a cada participante una copia de lecturas en Apocalipsis, primera parte desde www.e625.com/lecciones

NOTAS

NOTAS

NOTAS

NOTAS

ALGUNAS PREGUNTAS QUE DEBES RESPONDER:

e6
25

¿QUIÉN ESTÁ DETRÁS DE ESTE LIBRO?

Especialidades 625 es un equipo de pastores y siervos de distintos países, distintas denominaciones, distintos tamaños y estilos de iglesia que amamos a Cristo y a las nuevas generaciones.

e625.com

¿DE QUÉ SE TRATA E625.COM?

Nuestra pasión es ayudar a las familias y a las iglesias en Iberoamérica a encontrar buenos materiales y recursos para el discipulado de las nuevas generaciones y por eso nuestra página web sirve a padres, pastores, maestros y líderes en general los 365 días del año a través de **www.e625.com** con recursos gratis.

zona de contenido PREMIUM

¿QUÉ ES EL SERVICIO PREMIUM?

Además de reflexiones y materiales cortos gratis, tenemos un servicio de lecciones, series, investigaciones, libros online y recursos audiovisuales para facilitar tu tarea. Tu iglesia puede acceder con una suscripción mensual a este servicio por congregación que les permite a todos los líderes de una iglesia local, descargar materiales para compartir en equipo y hacer las copias necesarias que encuentren pertinentes para las distintas actividades de la congregación o sus familias.

INSTITUTO e6 25

¿PUEDO EQUIPARME CON USTEDES?

Sería un privilegio ayudarte y con ese objetivo existen nuestros eventos y nuestras posibilidades de educación formal. Visita **www.e625.com/Eventos** para enterarte de nuestros seminarios y convocatorias e ingresa a **www.institutoE625.com** para conocer los cursos online que ofrece el Instituto E 6.25

¿QUIERES ACTUALIZACIÓN CONTINUA?

Regístrate ya mismo a los updates de **e625.com** según sea tu arena de trabajo: Niños- Preadolescentes- Adolescentes- Jóvenes.

¡APRENDAMOS JUNTOS!

INSTITUTO
e6
25
CAPACITACIÓN MINISTERIAL
ONLINE DE PRIMER NIVEL
CAPACITACIÓN CONTINUA DE PRIMER
NIVEL. EN CUALQUIER LUGAR Y HORARIO.
CONOCE TU CAMPUS ONLINE
www.institutoE625.com

e6
25
.com
Sé parte de la mayor
COMunidad de
educadores cristianos
Sigue en todas tus redes a
/e625COM

E625 te ayuda todo el año